基于平衡计分卡体系的绩效评价研究与实践

吕伟 许旋 金婷 陈辰 著

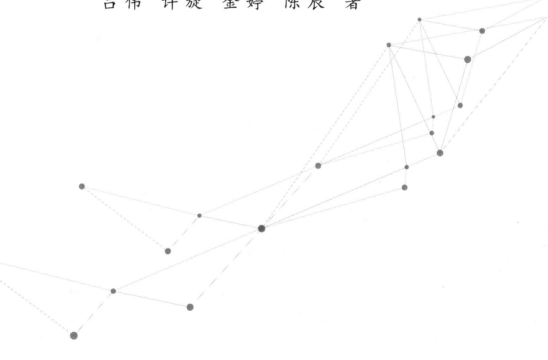

苏州大学出版社
Soochow University Press

图书在版编目(CIP)数据

基于平衡计分卡体系的绩效评价研究与实践 / 吕伟等著. —— 苏州：苏州大学出版社，2023.9
　ISBN 978-7-5672-4526-6

Ⅰ.①基… Ⅱ.①吕… Ⅲ.①地方政府－行政管理－评价－研究－中国 Ⅳ.①D625

中国国家版本馆CIP数据核字(2023)第164654号

书　　名：	基于平衡计分卡体系的绩效评价研究与实践
	JIYU PINGHENG JIFENKA TIXI DE JIXIAO PINGJIA YANJIU YU SHIJIAN
著　　者：	吕伟　许旋　金婷　陈辰
责任编辑：	曹晓晴
助理编辑：	罗路昭
装帧设计：	刘　俊
出版发行：	苏州大学出版社（Soochow University Press）
社　　址：	苏州市十梓街1号　邮编：215006
印　　刷：	镇江文苑制版印刷有限责任公司
邮购热线：	0512-67480030
销售热线：	0512-67481020
开　　本：	710 mm×1 000 mm　1/16　印张：13　字数：200千
版　　次：	2023年9月第1版
印　　次：	2023年9月第1次印刷
书　　号：	ISBN 978-7-5672-4526-6
定　　价：	55.00元

图书若有印装错误，本社负责调换
苏州大学出版社营销部　电话：0512-67481020
苏州大学出版社网址　http://www.sudapress.com
苏州大学出版社邮箱　sdcbs@suda.edu.cn

前　言

　　傍晚或夜深时分，管理人员在回顾一天的管理工作时，会不会去思考管理学的知识离我们的工作和生活有多远？我们该怎样去管理单位里纷繁的事务？有哪些工具可以帮助我们更好地管理工作，进而提高工作效率？我们该怎样运用这些工具？

　　事实上，不管是在教学、研究，还是在日常的工作、生活中，我们都离不开管理学的知识和工具。在过去相当长的一段时间里，有赖于众多管理学学者和管理工作从业者进行的大量学术探讨与社会实践，针对绩效评价产生了许多理论和工具方法，如目标管理法、关键绩效指标法、平衡计分卡法、360度评估法、行为观察量表法等。

　　然而，想要用一本书向读者介绍清楚所有绩效管理的理论和方法实在是一件难事。因此，本书着重向读者介绍平衡计分卡的理论及其运用方法，并通过生动的案例介绍和分析，帮助读者掌握平衡计分卡的理论及其运用的"术""势""道"。在写作本书的过程中，笔者注意到，针对营利组织运用平衡计分卡理论进行绩效评价和绩效管理的研究和著作并不少见，在新时代的大背景下，如何利用平衡计分卡在企业绩效管理的丰富经验及其在非营利组织绩效管理的先天优势，将平衡计分卡应用到政府转型和改革中来，提高政府绩效是一件非常值得探究的事情。因此，笔者希望基于政府部门绩效管理，进行平衡计分卡体系的绩效评价研究与实践，以帮助读者更好地将平衡计分卡应用到管理中去。

　　本书第二部分"实战演练篇"中的案例来自吕伟教授指导的多位硕士，是集体研究的成果，在此特地向他们表达感谢。

　　由于时间有限，书中难免存在疏漏和不足之处，欢迎各位读者指正。

2023 年 8 月

目 录

第一部分 理论研究篇 / 1

专题 1　平衡计分卡理论研究 / 1

　1.1　平衡计分卡理论的发展 / 1

　　1.1.1　平衡计分卡理论的产生背景 / 1

　　1.1.2　平衡计分卡理论的四个维度 / 2

　　1.1.3　平衡计分卡理论的拓展 / 4

　1.2　平衡计分卡用于政府部门绩效评价的可行性 / 5

　　1.2.1　平衡计分卡具有广泛的适应性 / 5

　　1.2.2　平衡计分卡强调平衡理念 / 5

　　1.2.3　平衡计分卡的使用已有一定研究基础 / 6

　　1.2.4　现代信息技术的发展降低了平衡计分卡的使用难度 / 7

　1.3　平衡计分卡的实施方法 / 8

　1.4　平衡计分卡在政府部门绩效评价中的成功实践 / 9

　　1.4.1　平衡计分卡在深圳税务系统绩效评价中的应用 / 10

　　1.4.2　平衡计分卡在重庆生产力促进中心绩效评价中的应用 / 12

　　1.4.3　启示 / 13

专题 2　中国政府部门绩效评价发展进程研究 / 16

　2.1　初步探索阶段（2000 年以前）/ 17

　　2.1.1　政府部门绩效评价的初步理论探索 / 17

　　2.1.2　目标管理在政府部门中的应用 / 17

　　2.1.3　政府部门绩效评价的初步实施 / 18

2.2 理论研究拓展阶段（2000—2003年）/ 19
2.3 系统化、细化和创新阶段（2004—2012年）/ 19
　　2.3.1 中央人民政府的提出和认可 / 19
　　2.3.2 政府与高校研究机构合作的深入 / 20
2.4 依托新思想和新技术进一步发展阶段（2013年至今）/ 20
　　2.4.1 新思想的指引和动力的产生 / 21
　　2.4.2 全面推行政府绩效管理能力的具备 / 21
　　2.4.3 新技术的出现 / 21

第二部分　实战演练篇 / 23

案例1　基于平衡计分卡的T市税务局征管部门绩效评价优化研究 / 23

1.1 研究背景 / 23
1.2 T市税务局征管部门基本情况 / 24
　　1.2.1 人员基本情况 / 24
　　1.2.2 税源基本情况 / 26
1.3 T市税务局征管部门现有绩效评价体系概述 / 28
　　1.3.1 组织领导 / 28
　　1.3.2 评价内容 / 28
　　1.3.3 评价方式 / 30
　　1.3.4 评价结果及其运用 / 31
1.4 T市税务局征管部门绩效管理中存在的问题及其原因 / 32
　　1.4.1 绩效战略对绩效指标的指导性不强 / 33
　　1.4.2 忽视非财务指标的重要性 / 34
　　1.4.3 绩效指标体系缺乏系统性 / 35
　　1.4.4 忽视绩效过程管理 / 37
　　1.4.5 绩效评价方法不完善 / 38
　　1.4.6 绩效结果运用不合理 / 39

1.5 平衡计分卡用于T市税务局征管部门绩效评价的
    必要性和可行性分析 / 40
    1.5.1 引入平衡计分卡的必要性分析 / 40
    1.5.2 引入平衡计分卡的可行性分析 / 42
1.6 基于平衡计分卡的T市税务局征管部门绩效指标体
    系优化设计 / 44
    1.6.1 绩效指标体系设计思路 / 44
    1.6.2 构建战略地图 / 44
    1.6.3 财务维度 / 45
    1.6.4 纳税人维度 / 47
    1.6.5 内部流程维度 / 48
    1.6.6 学习与成长维度 / 50
    1.6.7 绩效战略与绩效指标体系的对应关系 / 51
1.7 基于平衡计分卡的T市税务局征管部门绩效指标权
    重设计 / 52
    1.7.1 绩效指标权重设计方法 / 52
    1.7.2 绩效指标权重设计步骤 / 54
1.8 新旧绩效评价体系对比分析 / 59
    1.8.1 旧绩效评价体系分析 / 60
    1.8.2 新绩效评价体系分析 / 61
1.9 完善T市税务局征管部门绩效评价体系的措施 / 62
    1.9.1 完善绩效指标体系，重视非财务指标 / 62
    1.9.2 加强绩效过程管理，软硬件相结合 / 63
    1.9.3 加强绩效反馈，强化绩效结果运用 / 66

案例2 基于平衡计分卡的L镇为民服务中心聘用人员绩效
    评价优化研究 / 68
2.1 研究背景 / 68
2.2 L镇为民服务中心概况 / 68
    2.2.1 L镇概况 / 68
    2.2.2 L镇为民服务中心概况 / 69

2.3 L镇为民服务中心聘用人员绩效评价现状分析 / 69
  2.3.1 L镇为民服务中心聘用人员结构分析 / 70
  2.3.2 L镇为民服务中心聘用人员绩效管理方法和程序分析 / 70
  2.3.3 L镇为民服务中心聘用人员绩效评价结果运用分析 / 74
2.4 L镇为民服务中心聘用人员绩效评价问卷调查情况 / 74
  2.4.1 调查问卷设计理念与样本情况 / 74
  2.4.2 L镇为民服务中心聘用人员绩效评价问卷调查结果分析 / 75
2.5 L镇为民服务中心聘用人员绩效评价中存在的问题 / 79
  2.5.1 绩效评价计划不合理 / 79
  2.5.2 绩效评价指标设置存在争议 / 80
  2.5.3 绩效评价反馈较弱 / 81
  2.5.4 绩效评价结果运用不足 / 82
2.6 L镇为民服务中心聘用人员绩效评价中存在问题的成因分析 / 84
  2.6.1 对绩效评价缺乏重视 / 84
  2.6.2 绩效评价指标制定不合理 / 85
  2.6.3 绩效评价流程监督公开不到位 / 86
  2.6.4 配套激励机制缺失 / 87
2.7 平衡计分卡用于L镇为民服务中心聘用人员绩效评价优化的必要性和可行性分析 / 88
  2.7.1 平衡计分卡用于L镇为民服务中心聘用人员绩效评价优化的必要性分析 / 89
  2.7.2 平衡计分卡用于L镇为民服务中心聘用人员绩效评价优化的可行性分析 / 90
2.8 L镇为民服务中心的战略确定 / 91

2.9 L镇为民服务中心聘用人员绩效评价的指标选取和
权重确定 / 92

 2.9.1 四个维度的修正 / 92

 2.9.2 绩效评价关键指标的选取和细化 / 94

 2.9.3 绩效评价指标的权重确定 / 100

2.10 L镇为民服务中心聘用人员绩效评价体系的规范和
优化 / 103

 2.10.1 规范绩效评价流程 / 103

 2.10.2 强化绩效评价结果激励作用 / 103

2.11 L镇为民服务中心聘用人员绩效评价体系优化的
预期效果测试 / 105

 2.11.1 L镇为民服务中心聘用人员绩效评价体系优化
实施案例分析 / 105

 2.11.2 优化后绩效评价体系的优势分析 / 109

案例3 基于平衡计分卡的社区绩效评价指标体系设计
——以S市Y街道为例 / 110

3.1 研究背景 / 110

3.2 S市Y街道基本情况 / 111

 3.2.1 S市基本情况 / 111

 3.2.2 Y街道基本情况 / 111

 3.2.3 Y街道下辖社区基本情况 / 112

3.3 Y街道下辖社区绩效评价制度运行现状分析 / 114

 3.3.1 实地访谈情况 / 114

 3.3.2 问卷调查情况 / 115

 3.3.3 社区绩效评价现行制度规定与基本运行情况 / 119

3.4 Y街道下辖社区绩效评价中存在的问题分析 / 120

 3.4.1 绩效评价指标体系战略导向性不明确 / 120

 3.4.2 绩效评价制度设计缺乏系统性 / 121

 3.4.3 绩效评价指标体系对重点工作覆盖不全面 / 122

3.4.4 绩效评价指标权重划分与工作实际结合不紧密 / 123

3.4.5 绩效评价结果客观性不强 / 124

3.5 Y街道下辖社区绩效评价中存在问题的成因分析 / 125

3.5.1 缺乏对社区发展战略的深入分析 / 125

3.5.2 未统筹兼顾不同参与主体的需求 / 126

3.5.3 缺乏对社区服务属性的深刻理解 / 127

3.5.4 对部分重点任务的属性判断不准确 / 127

3.5.5 绩效评价指标的量化手段较少 / 128

3.6 平衡计分卡用于Y街道下辖社区绩效评价的必要性和可行性分析 / 129

3.6.1 社区绩效评价引入平衡计分卡的必要性分析 / 129

3.6.2 社区绩效评价引入平衡计分卡的可行性分析 / 130

3.6.3 社区绩效评价引入平衡计分卡模型修正的必要性分析 / 132

3.7 基于平衡计分卡的Y街道下辖社区绩效评价体系设计 / 133

3.7.1 社区发展战略SWOT分析 / 133

3.7.2 战略目标确定 / 136

3.7.3 基于平衡计分卡的绩效评价体系框架设计 / 137

3.7.4 基于平衡计分卡的绩效评价指标设计 / 139

3.7.5 基于德尔菲法的指标要素确定 / 140

3.7.6 基于德尔菲法与优序图法的绩效评价指标权重确定 / 143

3.7.7 社区绩效平衡计分卡综述 / 147

3.8 Y街道下辖社区绩效平衡计分卡运行测试与保障措施 / 150

3.8.1 基于平衡计分卡的绩效评价指标体系与现有绩效评价指标体系对比分析 / 150

3.8.2　基于平衡计分卡的绩效评价指标体系有效性测试
　　　　／151
　　3.8.3　基于平衡计分卡的绩效评价指标体系实施／152
　　3.8.4　基于平衡计分卡的绩效评价指标体系运行保障
　　　　措施／154

参考文献 / 156

附录 / 160

附录一　T市税务局征管部门绩效管理满意度调查问卷／160
附录二　T市税务局征管部门绩效指标重要性调查问卷／168
附录三　L镇为民服务中心聘用人员绩效评价情况调查问卷／173
附录四　L镇为民服务中心聘用人员绩效评价情况访谈提纲／176
附录五　Y街道下辖社区绩效评价开展情况调查问卷／177
附录六　第一轮专家意见征求问卷／182
附录七　第二轮专家意见征求问卷／188

第一部分 理论研究篇

专题 1 平衡计分卡理论研究

在长久的学术探讨和社会实践中，针对绩效评价，产生了包括强调以工作为中心和以人为本的目标管理法、关键绩效指标法、平衡计分卡法、360度评估法、行为观察量表法等在内的多种工具和方法。本书着重研究平衡计分卡的理论发展及其在基层政府职能部门中的实际运用，以期对政府部门绩效评价问题的解决有所帮助。本专题主要介绍平衡计分卡理论的发展和将平衡计分卡应用于政府部门绩效评价的可行性等内容。

1.1 平衡计分卡理论的发展

1.1.1 平衡计分卡理论的产生背景

兴起于19世纪70年代的第二次工业革命促进了西方资本主义国家工业生产力的大幅提升，极大地推动了近现代社会经济的蓬勃发展。这一时期的企业通常以杜邦分析法为基础，建立传统的绩效管理模式。

从企业内部管理角度来看，杜邦分析法仅仅根据对财务报表中数据的计算得出规律，容易导致长期财务结果被忽视，可能使企业经营管理者忽视企业的长期价值和战略方向，从而造成企业经营管理中的短期行为，加剧代理问题。同时，杜邦分析法无法合理评估无形资产价值，特别是无法评估高新技术企业（专利技术、非专利技术、商标、特许经营权利用较多的企业）中作为企业核心竞争力的关键技术。另外，杜邦分析法注重对企业过去经营成果的评价，而忽视公司战略对企业的影响。综上所述，传统的绩效管理模式以财务指标为主，注重短期考核结果，强调事后评价。

20 世纪 70 年代以来，随着现代社会进入信息化时代，全球化进程加快，企业之间竞争加剧，越来越多的企业管理者意识到：即使最好的财务体系，也无法完全反映绩效的动态特征。传统的绩效管理模式与企业实际经营情况渐渐脱节，企业迫切需要能满足实际管理需要的新的绩效评价方法。20 世纪 80 年代末到 90 年代初，欧美学者和企业管理者在对组织绩效评价的探索过程中逐渐达成共识，那就是仅仅以财务指标作为衡量标准来评价企业经营绩效的传统方法对企业长期可持续发展和进步有所阻碍。如何平衡财务指标与非财务指标并形成综合性的绩效评价办法成为研究热点，平衡计分卡理论应运而生。

1.1.2 平衡计分卡理论的四个维度

平衡计分卡在企业绩效评价中的实践最早可追溯到 1987 年。亚德诺半导体公司（Analog Devices, Inc., ADI）在这一年摒弃了以往流于形式的战略方案，首先确定了公司的重要利益相关者范围，然后在明确公司的使命、价值观与愿景后，根据所确定的利益相关者的"利益"，区别化设定战略目标，并细化产生了三大战略要点，作为年度经营绩效计划的关键要素，实现了从关注战略目标本身向关注具体实施过程的转变，平衡计分卡的雏形初现。

20 世纪 90 年代，罗伯特·S. 卡普兰（Robert S. Kaplan）和戴维·P. 诺顿（David P. Norton）在 ADI 的平衡计分卡实践基础上，进一步开展相关理论研究和探索。1990 年，他们在复兴全球战略集团专门设立了一个为期一年的项目，聚焦于绩效评价模式研究，并将研究成果命名为"平衡计分卡"（Balanced Scorecard，BSC）。1992 年年初，此次合作研究形成的成果被二人整理成文章《平衡计分卡——驱动绩效指标》（*The Balanced Scorecard: Measures that Drive Performance*），并在《哈佛商业评论》上公开发表，首度向学界展示了平衡计分卡的理念和应用。成果中包括四个互相关联的评估维度：财务、顾客、内部流程及学习和发展（图1-1-1）。

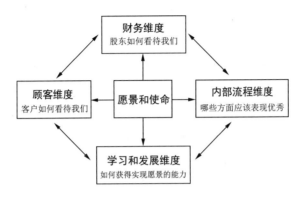

图1-1-1　平衡计分卡构架

1. 财务维度

企业作为市场主体，"盈利"是其在市场竞争中生存和发展的第一要义。满足股东和投资者的利益诉求，帮助他们实现投资利益最大化是企业运营最重要的任务之一。而能够反映这些方面信息的财务指标，就受到企业股东和投资者的关注，并成为他们判断企业绩效最直观的评价标准。这类指标在衡量企业经营成果和为股东创造价值的能力方面表现出色，因此，财务维度是平衡计分卡中所有目标评价的焦点。

2. 顾客维度

企业业绩的提高依赖于顾客的支持，这就要求企业提供足够优秀的产品和服务并让顾客认可它们。为了满足股东和投资者对投资回报的期望，企业必须集中精力研究顾客这一利益相关者的评价，使自身的市场表现持续向好。一般来说，顾客最关心的就是产品质量和性能、服务水平、购买成本等因素。因此，企业必须把这些方面作为提升竞争力的主攻方向。从顾客的角度考虑，给自己设定产品满意度、服务满意度等的具体目标，有助于企业保证经营的成效，获得更多顾客群体的肯定，从而提升企业的竞争力。

3. 内部流程维度

为了满足顾客需求，进一步提升市场价值，企业并不需要成为全能型组织，而应该思考自身的竞争优势所在。一个企业想要更好地生存，就必须换位思考投资者和顾客需要的是什么，设定具体的评价指标并予以执行，优化内部流程，确保产品质量过硬、成本可接受，使企业具有差异化竞争优势。

4. 学习和发展维度

满足顾客需求、持续提升市场价值需要企业充分调动各方面的资源，不断提高运营效率，尤其需要企业通过组织学习来提升员工的业务能力，培养员工的创新思维，从而长远、持续地增强自身的竞争力。这一维度基于往期和现期状况，着眼于企业未来发展的需要，要求管理层避免短期行为，更加注重系统化、流程化地对员工进行教育和培训，通过人力培训、产品升级、技术和服务优化来缩小内部技能和能力与现实需求之间的差距，使企业具有可持续的稳定发展能力。

1.1.3 平衡计分卡理论的拓展

1. 平衡计分卡＋战略地图

随着经济全球化进程的加快，企业规模越来越大，业务覆盖地域越来越广，组织结构越来越复杂，科学有效的绩效管理显得尤为重要。卡普兰和诺顿在对企业绩效进行研究的过程中发现，企业很难解释清楚企业发展战略的内涵和外延，更无法清晰分解战略，导致管理者和员工之间的沟通错位，双方很难达成战略共识，这给企业管理造成巨大阻碍。基于此，他们提出了"战略地图"的概念，从而形成了"平衡计分卡＋战略地图"绩效管理模式，并出版了《战略地图：化无形资产为有形成果》一书。战略地图以平衡计分卡的四个维度为基础，通过分析四个维度之间的联系，建立企业战略地图。战略地图的核心思想是通过提高企业内部人员综合素质，提高业务能力（学习和发展维度），促进内部组织科学化和效率化（内部流程维度），从而为顾客提供更优质的产品和服务（顾客维度），继而实现企业的财务目标（财务维度）。"平衡计分卡＋战略地图"也被认为是平衡计分卡研究和应用的第二个阶段。

2. 平衡计分卡＋战略地图＋战略中心型组织

战略中心型组织，顾名思义，就是在运用平衡计分卡的过程中，将战略置于组织绩效管理的中心位置，同时令战略的确定和实施成为一个连续的、全员共同参与的过程。在实际使用中，企业通过使用战略地图和平衡计分卡来衡量、描述、评价和管理组织绩效，进而沟通战略，并利用组织反馈的信息使战略贯穿组织中每个成员的日常工作，达到推动战略实施的目的。将企业转变为战略中心型组织有五项原则：一是将战略转化为执行层面的语言；二是以战略为中心，整合组织资源；三是把战略落实到每个员工的日常工作；四是让战略成为持续的循环流程；五是高层领导带动变革（杜胜利，2007）。"平衡计分卡＋战略地图＋战略中心型组织"的模式也被认为是平衡计分卡研究和应用的第三个阶段。

1.2 平衡计分卡用于政府部门绩效评价的可行性

1.2.1 平衡计分卡具有广泛的适应性

平衡计分卡是基于信息系统，考虑企业绩效驱动因素，进行多维平衡评价的新型企业绩效评价系统。同时，企业在使用平衡计分卡的过程中，将企业绩效评价分解为财务、顾客、内部流程及学习和发展四大维度，并与企业战略目标相结合，这样能够更有效地帮助企业实施战略。卡普兰和诺顿在研究中发现，平衡计分卡同样适用于政府部门的绩效评价。最为重要的是，平衡计分卡并不仅仅可以用来进行绩效评价，它可以渗入绩效管理的方方面面，具有广泛的适应性。

1.2.2 平衡计分卡强调平衡理念

平衡计分卡强调平衡理念，与政府部门绩效评价目标相吻合。平衡计分卡强调五个方面的平衡。

1. 强调财务与非财务指标的平衡

政府部门绩效评价除了强调财务指标外，还需要考虑相当多的非财务指标，如群众满意度、出生率、犯罪率等，且政府部门在绩效评价时可以通过规章制度对相关数据进行收集和统计，无论是定性还是定量，都可以实现一定的评价深度和广度。

2. 强调长短期战略目标的平衡

平衡计分卡可以有效兼顾地方发展长期目标和政府部门短期目标及个人发展目标，对地方经济增长、社会进步、科技发展等战略目标的制定和实施有很强的推动作用。

3. 强调动力与成果的平衡

在使用平衡计分卡进行政府部门绩效评价的过程中,将有效地实施地方发展战略作为动力,将最终取得的经济增长、社会进步、科技发展等方面的数据作为成果,寻求二者的平衡,防止唯结果论和过分强调动力的状况出现。

4. 强调内外部群体的平衡

政府部门内部的员工是内部群体,接受服务的人民群众是外部群体。人民政府的性质决定了其要在有效利用社会资源、合理安排事件处理流程的基础上最大限度地增进人民福祉,因此,政府部门必须强调内外部群体的平衡。

5. 强调领先与滞后指标的平衡

单一指标往往具有滞后性,很难真实反映政府部门的实际绩效表现,而平衡计分卡的四个维度兼容了领先指标和滞后指标,能够使政府部门在领先指标和滞后指标之间取得平衡,从而使最终的结果更加贴近政府部门工作为民的目标。

1.2.3 平衡计分卡的使用已有一定研究基础

国内外学者已对将平衡计分卡引入政府部门绩效评价的可行性进行了许多研究。卡普兰等(1992)认为,政府部门应该根据承担的社会责任选择一个长期使命目标作为平衡计分卡的战略目标。政府部门应该拓展"纳税人"的内涵,原因是政府部门界定自己的"纳税人"比较困难,公共产品的付费者是纳税人或者捐助者,但是消费公共服务的对象可能是普通的社会大众。埃里克·孔(Eric Kong)于2010年研究了平衡计分卡在非营利组织中的应用情况,分析了传统绩效管理评估方案的缺陷,认为非营利组织引入平衡计分卡理论是可行的。吴建南等(2004)介绍了平衡计分卡理论内容和国内外研究的现状,并将平衡计分卡理论的四个维度应用到政府的绩效管理中,建立了一套可行的绩效考核办法。张定安(2004)的研究表明,在价值取向方面,平衡计分卡和公共部门绩效管理的方向大致相同,将平衡计分卡在公共部门应用的可操作性强。张国庆等(2005)介绍了平衡计分卡理论的基本概念,论证其在政府部门执行的可行性,并总结了平衡计分卡在政府部门管理中发挥的积极作用。肖恺乐（2016）认为，平衡计分卡的核心理念是平衡，不仅仅适用于非公共部门，还适用于政府执法部门。在构建平衡计分卡模型时，应当结合政府执法特性。肖恺乐设计出了五个维度，包括公民维度、业绩维度、内部管理维度、行政成本维度及学习和发展维度。夏一林（2016）在社区上级机关乡镇层面进行实践探索，并从价值追求和实施等方面分析平衡计分卡在乡镇实施的可行性。方振邦等（2017）认为，平衡计分卡作为一种科学的战略管理和绩效管理工具，能够有效解决我国地方政府绩效管理实践中存在的缺乏战略性、平衡性和协同性等问题。依据北京市延庆区地方政府实际情况，结合平衡计分卡理论，方振邦等（2017）构建出延庆区地方党委政府、党政工作部门及街道办事处三个不同层级的政府绩效评价框架。张婷婷（2017）充分运用管理学理论，探索平衡计分卡理论在我国具体政府部门绩效评价中的应用，并对其可行性进行实践检验。林文珊（2021）认为，平衡计分卡理论在事业单位的应用，有助于准确定位事业单位的长期目标，能够提高事业单位资金使用效率，同时强化对职工的激励和约束。

1.2.4　现代信息技术的发展降低了平衡计分卡的使用难度

平衡计分卡的出现的确给企业和政府部门绩效评价带来了新的方法和工具，但是平衡计分卡有其固有缺陷：① 对实施平衡计分卡人员的专业技术要求高，同时，实施过程中的工作量较大，操作难度也较高，在实施过程中需要保持沟通和反馈，因此实施比较复杂，这导致平衡计分卡的实际实施成本高；② 在实际实施过程中，针对不同层级及同一层级不同指标赋予合理的权重比较困难，同时，各维度中一些非财务指标的量化工作很难落实；③ 平衡计分卡的系统性强，涉及面较广，对信息系统、管理能力的要求较高。

然而，随着经济、社会和技术的进步，大数据技术、图像识别技术等现代信息技术的发展使得平衡计分卡在绩效评价中的应用难度下降：① 人员素质的提高为平衡计分卡的实施提供了人力的便利性，政府部门有较多高学历人才能够参与平衡计分卡的实施，并参与高水平信息系统的建设；② 大数据技术、图像识别技术的发展使得政府部门可以获得更多的信息进行绩效评价，并对往期难以处理的非财务数据（如图片等）

进行一定程度的量化;③ 移动互联网技术的发展使得信息系统间的联系更加紧密,人员间的沟通更加顺畅,以往一些难以实现的技术和权重确定方法(如德尔菲法)能够更容易地实现。

1.3 平衡计分卡的实施方法

平衡计分卡的实施主要包括以下步骤:① 建立组织的愿景与战略;② 成立平衡计分卡四个维度的目标制定小组;③ 为各维度找出恰当的衡量指标;④ 加强和维持组织内部的有效沟通与持续教育;⑤ 确定每一阶段绩效评价指标数字,并与组织的计划和预算相协调;⑥ 将每年的绩效评价与平衡计分卡挂钩;⑦ 经常询问并有计划地采纳内外部群体的意见,积极修正平衡计分卡四个维度目标,并改进组织战略。

但是,将平衡计分卡应用于政府部门绩效评价,与将其应用于企业绩效评价相比,有诸多不同。国外学者对指标制定和流程创新进行了广泛的研究。在指标制定研究中,巴克多尔(Barkdoll)在2000年的调查显示,采用平衡计分卡的政府部门,大约有三分之二还是采用了传统的四个维度,但大多数政府部门都根据自身特点对四个维度进行了变革,比如将"财务维度"改为"预算维度"、"资源维度"或"财政责任"。尼文(Niven)在2003年就政府部门制订战略规划总结出十个重点,其中包括实现绩效目标对周围环境的影响、如何改进绩效方案、如何激励工作人员、高层领导支持、软件硬件配套和绩效反馈制度等。在流程创新方面,哈默(Hammer)等在1993年提出流程再造理论,认为可以充分利用信息技术和人的有机结合,重新设计业务流程,建立面向流程的扁平化组织结构,结合平衡计分卡内部流程维度,实现跨部门运作方式。

国内许多学者也在研究过程中提到,平衡计分卡最初是为企业设计的,在应用于政府、非营利组织等公共部门时,需要根据实际情况进行适当调整。高雅琪(2008)在公务员绩效研究过程中提出,公共部门与企业的绩效评价侧重点、绩效评价主体、绩效评价指标、绩效评价标准不尽相同,平衡计分卡的四个维度难以完全适用于所有的组织,应该根据组织的内在属性和特殊要求进行修正调整。李林等(2006)赞同我国政府公共管理与政治管理联系紧密,部分公共职能与政治管理也密切相关，这应当在研究中充分考虑。郭瑞卿（2012）在研究中提出，相较于私人营利组织，公共部门提供的产品、服务并不都以物质形式呈现，而且获益对象难以参照市场化行为进行单向确定。

在把握实施可行性与修正必要性的基础上，多位学者结合我国公共部门实际情况与国内外实践探索经验，对于平衡计分卡在我国公共部门的应用提出了各具特点的模型修正方向。李林等（2006）结合国内政府部门实际情况，设计构建了社会公众、内部组织流程、经济指标（财政与税收）、部门及公务员学习和发展等四个层面的体系，并且将社会公众层面列在首位，强调要注重战略实施，综合经济与非经济指标，注重实现长短期评价的协调统一。颜海娜等（2014）对西方在公共部门应用平衡计分卡的经验进行总结，分析了把顾客维度提升到使命的下方作为第一维度的修正思路，认为原定的各个维度之间的平衡关系应当修正，各个维度自身的侧重点也有待商榷。吴朦等（2017）强调基层政府绩效评价要坚持以人为本、实事求是、统筹兼顾，在设定规范的绩效评价目标、因地制宜设计科学合理的绩效指标、丰富评价主体、以政绩评价带动良性竞争等方面提出了可行的建议。

在平衡计分卡的具体实施过程中，还需要对实践各环节进行科学设计，运行时需要有一系列保障措施，确保平衡计分卡发挥理论先进性。郭瑞卿（2012）提到运行中要克服政策环境障碍，要着力攻克使命与目标障碍；使命位于平衡计分卡最上方；公共部门要确定战略目标，并且探索相关数据和信息处理的技术。余海宗等（2017）在研究地方审计机关的绩效评价体系时提出，根据职能的不同，区分业务部门和行政部门的绩效评价标准至关重要。

1.4 平衡计分卡在政府部门绩效评价中的成功实践

平衡计分卡在国内外公共部门绩效评价中已经得到应用并取得一系列的成功。学界也相当重视相关案例，并就一些著名案例进行了分析。平衡计分卡的创造者之一卡普兰曾对被认为是美国在公共或非营利背景下成功运用平衡计分卡的最佳案例——美国夏洛特市运用平衡计分卡进行绩效管理进行了分析。国内也有学者对美国夏洛特市和亚特兰大市运用平衡计分卡进行绩效评价进行过分析（颜海娜，鄞益奋，2014）。同时，国内政府部门如地方税务部门也曾将平衡计分卡成功应用于政府部门绩效管理。本节选取平衡计分卡在深圳税务系统、重庆生产力促进中心的成功实施作为典型案例进行简单讲解。

1.4.1 平衡计分卡在深圳税务系统绩效评价中的应用

1. 实施背景

随着改革开放，市场经济高速发展。国家税务总局深圳市税务局处在改革开放最前沿，税务管理模式需要不断与时俱进，但现有的绩效评价制度满足不了需求。国家税务总局深圳市税务局实地调研并参考国内外平衡计分卡典型实施案例，汲取绩效评价经验，不断优化绩效评价方案，最终决定引入平衡计分卡和关键绩效指标两个绩效管理工具。国家税务总局深圳市税务局经过实地调研、邀请专家研讨和国内外考察等，开始将平衡计分卡运用到绩效评价中。国家税务总局深圳市税务局结合深圳市经济发展特点，制定符合自身的发展战略，分解战略目标，形成战略地图，并将绩效战略与平衡计分卡的四个维度一一对应，制定绩效指标体系，落实到每一名税务人员。

2. 战略愿景

国家税务总局深圳市税务局围绕"服务科学发展、共建和谐税收"的愿景，努力实现"法治公平、规范高效、文明和谐、勤政廉洁"的管理目标，立足于促进纳税遵从度的提高，实施以风险管理为导向、以促进自愿遵从为目标的现代管理体系。国家税务总局深圳市税务局将绩效战略从四个维度进行分解：① 财务维度。通过组织收入实现预期效益，且通过预算管理控制税收成本。② 纳税人维度。通过提高纳税服务质量，满足纳税人需求。③ 内部流程维度。通过行政管理维护和改善生产力的征管环境，通过管理创新，建立科学管理流程以控制成本。④ 学习与成长维度。通过提高税务人员工作能力，使税务人员高效完成工作，提高税务人员满意度，增强团队归属感。

3. 指标体系

（1）财务维度。一方面通过量化绩效指标提高税款征收量，主要包括提高税收增长率、税收入库率和税收计划完成率三个指标；另一方面降低绩效评价项目成本,主要通过实行财务预算审批制度,严格控制成本,指标包括税收成本率、税收成本弹性。

(2) 纳税人维度。为了体现以顾客为中心的理念,明确顾客就是绩效评价的主体,建立点击式纳税人电子评价系统、访谈式纳税人评价、调查式纳税人评价等一整套客户评价体系,主要指标包括纳税人满意度等。

(3) 内部流程维度。在绩效评价流程电子化基础上,通过关键绩效指标法量化工作内容,运用目标管理法引导绩效评价流程,以 ISO 9000 标准规范绩效评价流程,形成以"流程电子化、工作内容量化、目标管理法引导、管理规范化"为特征的绩效评价流程。主要指标包括按期辅导率、欠税增减率、税款催缴率、非正常户率、廉政建设水平等。

(4) 学习与成长维度。重点考核税务人员知识培训及其更新、创新建议与成果、发表的文章和岗位练兵考试成绩等。主要指标包括员工意见被采纳率等。

4. 绩效评价结果

(1) 组织收入方面。2007 年,国家税务总局深圳市税务局全年税款收入快速增长,达到 1 805.57 亿元,同比增幅高达 93.37%,同比增收 871.84 亿元,收入总量仅次于上海、北京,位列全国大中城市第三,同比增速第一。

(2) 信息化建设方面。国家税务总局深圳市税务局税收征管流程电子化在很大程度上缓解了税收征管压力,特别是在纳税户由 2002 年的 16 万户增长到 2007 年的 42.6 万户的情况下,运用信息化手段有效缓解了人力资源十分紧缺的局面,人均组织收入达到 4 200 万元;2004 年 9 月,深圳市税务局创办了"易办税"电子服务渠道,提升了纳税服务质量和响应速度;2007 年,在实现征管档案电子化后,征管档案处理效率显著提高,征管资料调阅时间大大减少,审批效率大幅度提高,文书审批时间同比平均缩短了 30%;短信系统建设则使综合涉税事项的通知成本和耗时同比分别下降了 74% 和 99%。

(3) 行政效能环境改善方面。国家税务总局深圳市税务局围绕建立"作风优良、勤俭廉洁税务队伍"的战略目标,税务人员工作能力显著提升,廉政意识增强,薪酬分配趋于公平,税务人员价值得到体现。2005年,国家税务总局深圳市税务局共收到纳税人投诉25 000余件,同比下降21%,同时税收营商环境明显改善,纳税人满意度和安全感"双提升"。

1.4.2 平衡计分卡在重庆生产力促进中心绩效评价中的应用

1. 实施背景

重庆生产力促进中心是重庆市科学技术局直属事业单位,成立于1999年,2001年被科技部认定为国家级示范生产力促进中心。2001年,重庆生产力促进中心下设渝港工作部、规划发展部、综合管理部等工作部门(此部门结构于2008年出现变更,本书以2001年的为准)。肖牧于2007年以重庆生产力促进中心为例,进行平衡计分卡应用研究。

2. 战略愿景

为明确自身的战略目标和重要绩效领域,重庆生产力促进中心根据各部门的具体情况,运用态势(SWOT)分析法分析中心面临的优势、劣势、机遇和风险,最终将2006年的目标确定为:成为为中小企业自主创新提供全面支持服务的社会化、网络化科技服务机构,成为成果转化平台的核心支撑机构和整合科技资源的重要推动力。

3. 指标体系

根据各部门的具体情况,层层分解细化总体目标,形成各部门指标。根据规划发展部、综合管理部和渝港工作部的不同职责,将办公环境、中心宣传、接待保障、管理制度实施等保障因素,项目申报、成果转化效果、孵化进展等计划因素,以及企业引进数量、孵化企业数量、拓展服务情况等业务因素,均纳入系统考虑。在确定权重方面,运用专家咨询"德尔菲法",先由专家进行赋值,再请各部门科员集体决策,确定各部门的指标权重,同时确定绩效评价分值档次,按照百分制,60分及以上为及格,80分及以上为良好,90分及以上为优秀。最后,按照指标确定工作计划和任务。各部门按照各自战略目标确定年度工作计划和任务,作为绩效评价的依据。同时,办公室开发使用一系列人力资源软件,采用工作日志法记录每个部门及员工的工作情况,相关工作完成的数量、质量和及时性被记录下来,作为年度绩效评价的事实依据。

4. 绩效评价结果

各部门应根据中心的战略规划,制定激励目标和绩效指标,并逐步分解落实到员工的个人绩效计划中。激励目标应与平衡计分卡相连接,形成薪酬奖励的计算标准,使员工每天在绩效驱动下努力实现总体战略目标。

对下属部门的绩效目标设置,以规划发展部为例,部门根据中心的战略规划,对应确定本部门的绩效目标。例如,引进高新技术孵化企业10家;在对外拓展方面,预计在中心举办3场项目博览会,对外访问科技园区和高新技术开发区不少于5个;以下属企业问卷调查情况和投诉情况为量化依据,提高向企业提供服务的质量和效率;预计成功孵化企业5家,并将其高新技术成果推向市场。

对照确定年度任务计划,部门以季度为阶段分步骤推进绩效目标,每季度组织开展一次小规模绩效评测,年底进行一次总体绩效评价。同时,将责任分配至每位员工,年底根据各阶段及下属员工工作完成情况,形成本部门绩效评价的结果。如果年底绩效评价时,规划发展部总计引入新的高新技术孵化企业11家,则超额完成任务,综合评分为90分;在对外拓展方面,举办了5场项目博览会,考察了3个科技园区和高新技术开发区,综合评分为90分;下属企业的服务质量投诉率不高,综合评分为80分;成功孵化了7家企业,高新技术成果推广效果较好,评分为90分。根据加权平均计算方法,该部门绩效评价结果为:

$$90 \times 15\% + 80 \times 20\% + 90 \times 15\% + 80 \times 20\% + 90 \times 30\% = 86(分)$$

按照评分结果,将确定部门及员工的绩效评价和发放奖金的基础。

1.4.3 启示

(1) 使用平衡计分卡进行政府部门绩效评价需要获得实施部门领导班子的全面支持。平衡计分卡实施涉及的维度多,需要实施部门下属各组成部分加强沟通,因此需要来自领导层面的全面支持,否则容易产生争议、推诿现象,从而造成平衡计分卡实施的失败。在上述第一个案例中,经过国家税务总局同意,深圳市税务局领导班子深入考察平衡计分卡,了解深圳市税务局自身发展阶段和存在问题,最终,深圳市税务局领导班子一致认为可以尝试运用国际先进的组织战略管理工具——平衡计分卡。在上述第二个案例中，重庆生产力促进中心统筹下属各部门实施平衡计分卡进行绩效管理。同时，实施前期考察调研，实施中期人力、物力资源配备，组建团队、制订计划和指标，以及实施后期沟通与反馈等工作都离不开实施部门领导班子的支持。

（2）使用平衡计分卡进行政府部门绩效评价需要将战略转化为可操作的行动。在上述第一个案例中，深圳市税务局在既定战略目标下，细化战略，利用平衡计分卡绘制战略地图，从四个维度将战略目标层层分解，转化为可操作的具体行动，形成既有内在逻辑一致性又协同兼顾的战略执行体系。然后，根据各科室工作职责，确定各维度关键指标和关键流程，确定行动方案。最后，根据各科室岗位职责不同，分别设定具体量化指标，如财务处设定的指标是预算成本率等。在上述第二个案例中，重庆生产力促进中心统筹下属各部门，合理设定具体评价指标，着眼于"会议举办""项目引进""服务质量"等日常工作的关键事项。

（3）使用平衡计分卡进行政府部门绩效评价需要充分考虑战略与实际工作的结合，这需要使个人工作重点与组织战略目标保持一致。在上述第一个案例中，深圳市税务局要求做到保证每一名税务人员知道"法治公平、规范高效、文明和谐、勤政廉洁"总体战略目标和四个维度分解子目标，且自觉把个人工作重点与组织战略保持一致。在实际工作中，从领导班子成员到基层干部均采用电子日志形式，记录每天完成的工作情况，对照战略目标，自觉检查每天的工作是否体现战略目标，及时查缺补漏，将个人绩效与组织绩效保持一致。在上述第二个案例中，重庆生产力促进中心开发使用一系列人力资源软件，采用工作日志法记录每个部门及其员工的工作情况，相关工作完成的数量、质量和及时性，保证实际工作的过程中始终贯彻部门发展战略。

（4）使用平衡计分卡进行政府部门绩效评价需要保证指标体系的客观性。在上述第一个案例中，深圳市税务局根据实际工作特点在四个维度分别设立了可量化的指标，并将职级晋升、评先评优等与绩效评价挂钩，以客观、公平的绩效评价指标体系助力良好工作氛围的形成。在上述第二个案例中，展示了具体的评分过程，可以看出重庆生产力促进中心在实施平衡计分卡的过程中对于指标赋分和汇总具有明确标准，采用德尔菲法征求专家意见，并在此基础上通过集体讨论的方式确定了具体权重。

（5）使用平衡计分卡进行政府部门绩效评价需要做好后续保障工作。绩效评价工作不是只在一时一刻，而是围绕工作周期，融入日常工作内容中。在指标体系推行过程中，要同步做好保障安排，确保制度顺畅推行，数据信息完整收集，结果有效运用。同时，要保证和加强部门下属各组织内和组织间的沟通，根据实际情况变化有序调整各维度指标。

专题 2　中国政府部门绩效评价发展进程研究

政府部门绩效评价是指运用科学的评价工具，对政府部门的行政行为、公共产出及效益进行客观、公正的测试、分析和比较（包国宪，2005）。因此，要想了解政府部门绩效评价，需要先了解政府绩效的相关概念。本书采用中国行政管理学会课题组 2006 年在《政府部门绩效评估研究报告》中做出的解释：政府绩效在西方也被称为"公共生产力""国家生产力""公共组织绩效""政府业绩""政府作为"等，其字面意义是政府所做出的成绩和所获得的效益，但其内涵非常丰富，既包括政府"产出"的绩效即政府提供公共服务和进行社会管理的绩效表现，又包括政府"过程"的绩效即政府在行使职能过程中的绩效表现。政府绩效还可分为组织绩效和个人绩效，组织绩效包括一级政府的整体绩效、政府职能部门绩效和单位团队绩效。本书所研究的便是微观层面上政府部门也就是基层政府部门和单位团队的绩效评价。

不断发展和落实政府部门绩效评价，可以对政府各部门的工作起到辅助支持及激励、约束和优化的作用，是加强政府绩效管理的有机组成部分。从整合的角度来看，政府部门实施绩效评价可以提高特定部门服务公众的能力，提升公众服务的质量，在一定程度上弥补政府管理体制方面的缺陷。政府部门实施绩效评价是政府特定部门改进管理、落实责任、提高公众服务能力的重要工具。

自改革开放以来，国外先进的管理方法和管理经验逐渐传入我国，对我国政府管理产生了较大的影响，尤其是 20 世纪 80 年代西方兴起的"新公共管理"改革相关理论的传入，对我国政府部门绩效评价和绩效管理的产生与发展产生了极大的影响。但是，由于生成环境和社会背景等方面存在差异，我们并不能直接照搬使用国外绩效评价的相关方法，而是要对其进行中国化并予以创新。中国政府部门绩效评价便是在这样的背景下经历了几十年的发展与变革。探讨、建立适合我国情况的组织绩效评价理论框架、方法论体系及操作程序，从而使绩效评价规范化、系统化、制度化、科学化，成为当时我国管理现代化的迫切要求（周志忍，1995）。按照以往学者的研究和新的经济社会发展情况，本书将改革开放后中国政府部门绩效评价的发展分为四个阶段：第一阶段为20世纪80年代末至20世纪90年代，这一阶段主要是对中国政府部门绩效评价的一些初步探索；第二阶段为2000年至2003年，这一阶段主要是在理论上进行研究拓展；第三阶段为2004年至2012年，这一阶段主要是进行进一步的系统化研究和一定程度上的创新（蓝志勇，胡税根，2008；周志忍，2009；包国宪，周云飞，2010）；第四阶段为2013年至今，这一阶段主要是在党的十八大以后，政府各部门在宏观的整体要求基础上，利用新的指导思想和新技术，从微观层面进一步细化、创新、完善自身绩效评价体系。

2.1 初步探索阶段（2000年以前）

2.1.1 政府部门绩效评价的初步理论探索

20世纪90年代初，中国学界已经出现并使用了"绩效评估"这一概念，但这一概念依旧停留于对员工等进行的个人考评。随着左然在1994年编译了英国学者的《英国地方政府中运用绩效评估尺度的观察》和《如何评估中央政府的工作绩效》，政府绩效评估在学界开始有了初步的研究，但该阶段的研究尚未大规模涉及政府部门绩效管理的其他方面。

2.1.2 目标管理在政府部门中的应用

第二次世界大战结束后，世界经济总体环境发生了巨大变化，西方资本主义国家经济迎来了新的蓬勃发展，在企业的管理过程中，学界和实务界逐渐发现原有的控制型企业管理模式开始出现无法有效调动员工的工作积极性的弊端。同时，逐渐激烈的市场竞争要求企业着眼于研发新产品、创新管理模式、降低运营成本，以提高企业竞争力。因此，一批专家、学者开始积极探索，寻找新的管理模式：道格拉斯·麦格雷戈（Douglas McGregor）提出人性假设"Y理论"，彼得·德鲁克（Peter Drucker）提出"整体管理"理论，伦西斯·利克特（Rensis Likert）提出"管理新模式"理论……1954年，美国管理学大师彼得·德鲁克在

《管理的实践》中提出"目标管理"理论，认为管理者应该将组织使命和愿景转化为具体目标，然后逐级进行分解，转变成部门或员工个人的目标，管理者根据目标的完成情况进行考核和奖惩。目标管理理论最早应用于美国通用电气公司，取得了显著效果，并迅速风靡欧美和日本等地区，在企业中得到大规模运用。20世纪70年代，时任美国总统的理查德·M.尼克松（Richard M. Nixon）对21个政府机构推行目标管理法，这标志着目标管理理论开始应用于政府部门。

2.1.3 政府部门绩效评价的初步实施

随着改革开放，西方世界较为先进的管理方法和管理经验逐渐传入中国。20世纪80年代，中国政府将目标管理理论应用于各部门绩效评价，形成了以目标责任制为主的绩效管理模式，各地以目标管理为基础的目标责任制也是现代意义上中国政府绩效管理的开端。

到了20世纪90年代，为了有效促进地方经济发展，加快效能建设，各地基于目标管理理论进行了一系列探索，在实践中形成了诸如基于目标责任制的"青岛模式"、重视效能提升的"福建模式"、强调社会服务承诺制的"烟台模式"等一批具有代表性的政府绩效管理新模式（张定安，何强，2022）。

1994年，山西省原运城行署办公室的"新效率工作法"的颁布与实施是这一阶段最具重要性的事件之一，作为一个分水岭，这一事件标志着政府部门绩效评价在中国从萌发走向了蓬勃发展（包国宪，周云飞，2010）。

除此之外，中国各地政府先后开始广泛尝试采取政府部门绩效评价措施。1994年，烟台率先在市建委实施"社会服务承诺制"。1995年，福建省实行政府效能监察制。1997年，福建省漳州市启动机关效能建设试点工程，以解决"吃、拿、卡、要"等"老大难"问题。1998年，沈阳市第一个通过"市民评议政府"活动促进政府功能优化，之后，珠海、南京、扬州、哈密、江门、乌鲁木齐等城市争相借鉴，开展多项市民评议政府活动。

2.2 理论研究拓展阶段（2000—2003 年）

进入 21 世纪后，随着目标管理、PDCA 循环（"戴明环"）、平衡计分卡等西方绩效管理理念与技术的引入，我国学界对企业与政府绩效管理有了进一步的了解与研究，政府部门绩效评价相关的学术研究有了飞速的发展与进步，最直观的体现就在于中国知网上相关论文呈现不断增加的趋势，如图 1-2-1 所示。

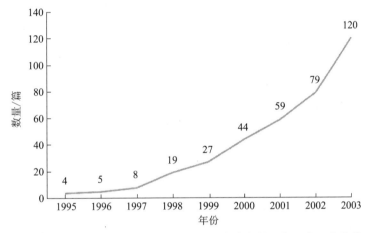

图 1-2-1　中国知网上政府绩效管理主题论文年度发表数量（彭国甫，盛明科，2007）

这一阶段学界研究的重心在以下三个方面：一是将欧美澳等西方国家绩效评价理论引入国内并进行详细介绍；二是对我国政府部门绩效评价和绩效管理进行初步理论探索（张璋，2000；徐双敏，2003；等等）；三是对我国已有的政府部门绩效评价手段和历史进行梳理和总结（中国行政管理学会联合课题组，2003）。在这一阶段，虽然通过各项理论研究，中国政府部门绩效评价体系初步呈现出系统化的趋势，但是此时的中国政府部门绩效评价体系仍处于较为初级的阶段，制度化和配套机制与措施尚未建立，中国政府部门绩效评价仍未充分发挥其作用。

2.3 系统化、细化和创新阶段（2004—2012 年）

2.3.1 中央人民政府的提出和认可

这一阶段的一个标志是政府部门绩效评价由我国中央人民政府提出

并认可。中央人民政府首次提到政府部门"绩效评估"一词是在2004年3月22日国务院颁布的《全面推进依法行政实施纲要》中,这标志着政府部门绩效评价进入中央人民政府的视野。2004年10月26日,修订后的《国务院工作规则》增加建立健全公共产品和服务的监管和绩效评估制度相关内容,表明对政府部门绩效评价的认可。《国务院2005年工作要点》明确提出要探索建立科学的政府绩效评估体系。2008年《关于深化行政管理体制改革的意见》明确指出,要推行政府绩效管理和行政问责制度,建立科学合理的政府绩效评估指标体系和评估机制,为学者开展政府绩效管理与评价的理论研究提供了政策依据,也为政府绩效管理与评价在中国的发展确定了一个基本方向(包国宪,周云飞,2010)。

2.3.2 政府与高校研究机构合作的深入

这一阶段的另一个标志是政府部门绩效评价指标及指标体系的研究和实践打破了政府和学界的边界,出现了高校研究机构与政府的深度合作,使得政府部门绩效评价研究在中国得到迅猛发展,助推相关理论加速实现本土化和系统化,在加强理论与实践相联系的同时,反馈经验,助力理论和方法创新。这一阶段最具标志性的事件是兰州大学中国地方政府绩效评价中心成立,该机构是高校首家政府部门绩效评价的专业学术机构,并于2005年3月9日向社会发布了《甘肃省非公有制企业评价政府绩效结果报告》。2006年,全国政府绩效管理研究会成立,标志着我国政府部门绩效评价进入了新的阶段,学界的研究也从关注绩效评价向绩效管理的方方面面扩展。

得益于政策支持、社会重视和学界已有的理论蓬勃发展,该阶段学界在系统性研究方面取得了更多的成果,并创新地细化分支,进行深入研究。彭国甫、安秀梅、邓国胜、付亚和、许玉林、马国贤、周志忍、包国宪等许多专家、学者都取得了突出的成果。

2.4 依托新思想和新技术进一步发展阶段(2013年至今)

本书根据党的新思想的产生、政府部门绩效评价重大事件的发生、技术与社会的发展,认为2013年至今是我国政府部门绩效评价发展的第四个阶段。该阶段的特点为政府各部门在宏观的整体要求基础上，从微观层面进一步细化、创新、完善自身的绩效评价体系。

2.4.1 新思想的指引和动力的产生

自 2012 年底党的十八大以来，以习近平同志为核心的党中央毫不动摇坚持和发展中国特色社会主义制度，勇于实践、善于创新，持续深化对党的执政规律、社会主义建设规律、人类社会发展规律的认识，形成一系列治国理政新理念、新思想、新战略，为在新的历史条件下深入推进政府绩效管理提供了科学理论指导和行动指南。党的十八大报告提出，要创新行政管理方式，提高政府公信力和执行力，推进政府绩效管理，这标志着党更加重视包含政府部门绩效评价在内的政府绩效管理，也说明实务和学术的重心从政府部门绩效评价拓展至政府绩效管理的方方面面。党的十八届三中全会提出了严格绩效管理的要求。党的十九大报告关于加快建立现代财政制度的相关部分，进一步要求"建立全面规范透明、标准科学、约束有力的预算制度，全面实施绩效管理"。

2.4.2 全面推行政府绩效管理能力的具备

2004—2012 年，中央人民政府下发了一系列关于政府绩效管理试点的相关文件，截至 2012 年 3 月，全国已有 24 个省（区、市）和 20 多个国务院部门不同程度地探索开展了政府绩效管理工作，为我国全面开展政府部门绩效评价奠定了基础，积累了大量的经验，培养了一大批具有专业能力的工作人员。2013 年，国家税务总局经过慎重决策，发布多项规定和办法，把绩效管理作为增强工作能力的重要抓手，并决定从 2014 年起在全国税务系统实施绩效管理，这成为中国政府部门开展绩效评价的大事件。

2.4.3 新技术的出现

随着社会的进步和技术的发展，尤其是移动互联网技术和大数据技术的进步，过往阻碍中国政府全面实施绩效评价、政府各部门依据各自特点实施绩效评价的难题逐步得到解决，这使得中国政府各部门绩效评价更加细化和具有创新性。在实践中，英国、美国、澳大利亚、新加坡等发达国家已经积极将大数据技术应用于政府绩效管理和社会治理，并取得了显著成效。美国巴尔的摩市通过实施 CitiStat 绩效管理项目，明显改进了城市管理并提升了公共服务效能。CitiStat 基于即时的统计数据分析进行决策指挥，同时又通过追踪评价机制执行绩效管理，这启示我们除了要从操作层面和城市管理的总体状况对公共服务给予关注外，还可以通过统计数据分析政府部门管理绩效（杨宏山，2008）。在国内，杭州市利用阿里巴巴的技术支持，在政府部门绩效管理方面走在前列；北京 2019 年推出的"接诉即办"模式受到社会关注（马亮，2021）。在学术上，大数据技术和移动互联网技术可以打破信息壁垒，帮助政府部门存储、使用海量信息，创造社会价值（Katsonis，Botros，2015），并从宏观和微观上帮助政府部门改善绩效评价（Mcafee，Brynjolfsson，2012）。新技术的运用使得上下级、同级间的交流更顺畅，绩效信息鸿沟被弥合（刘强强，2018），让政府部门绩效评价变得更科学、有效、及时。多位学者已经对大数据时代政府部门绩效评价和绩效管理进行了研究和展望（马亮，2020；吴振其，郭诚诚，2022；徐芳芳，2022）。可以说，互联网技术和大数据技术的引入是对传统政府部门绩效评价和绩效管理的一次全新突破和重大创新，使得政府部门绩效评价不再处于绩效管理的末尾，而是动态地贯穿绩效管理的全过程，也使得微观层面的政府层级也可以科学运用政府部门绩效评价的方法来实现公众服务能力的提升。关于微观层面的基层政府部门绩效评价方法的研究也是本书论述的重点。

第二部分 实战演练篇

本书着眼于实战，强调理论与实际相结合。因此，本部分通过实地调研，开展研究，设计出 3 个具体案例以帮助读者掌握如何实际运用平衡计分卡进行基层政府部门绩效评价。

案例 1 基于平衡计分卡的 T 市税务局征管部门绩效评价优化研究

1.1 研究背景

党的十一届三中全会以后，中国经济加速发展，经济主体呈现多元化趋势，税收征收管理出现以下趋势：一是纳税主体数量急剧增加，1978 年，我国市场主体仅 49 万户，而到了 2021 年，仅新增的涉税市场主体就达到了 1 326 万户，使得纳税主体数量呈现上升趋势；二是税种数量增加，随着"利改税"政策的实施，税种由 2 个增加到 20 多个；三是税源更广，由于制度的变革，税源从国企转变成个体工商户、有限责任公司和个人独资企业等；四是征管压力大，由于纳税主体数量急剧增加，管理难度加大，各种偷、逃、抗、骗税的行为屡禁不止，征管人员执法不规范，贪污腐败时有发生，税收征管工作亟待规范。1993 年 1 月 1 日，我国开始实施《中华人民共和国税收征收管理法》，目前正在实施的是 2015 年 4 月 24 日第十二届全国人民代表大会常务委员会第十四次会议修正后的版本。2021 年 3 月 24 日，中共中央办公厅、国务院办公厅印发《关于进一步深化税收征管改革的意见》,提出要全面推进税收征管数字化升级和智能化改造,加快推进智慧税务建设,稳步实施发票电子化改革,深化税收大数据共享应用。

为了加强税务管理,国家税务总局先后多次推行绩效管理改革,制定绩效管理指标,出台绩效评价制度,创新绩效评价体系。2018年6月,《国务院工作规则》提出国务院及各部门要严格执行工作责任制,严格绩效管理和行政问责,加强对重大决策部署落实、部门职责履行、重点工作推进及自身建设等方面的考核评估,建立健全重大决策终身责任追究制度及责任倒查机制,提高政府公信力和执行力。税务管理是国家经济管理的重要一环,税务部门必须认真贯彻上级重要指示精神,全面推进绩效管理制度有效执行。

2014年是税务部门绩效管理的启动之年,T市税务部门陆续实施四个版本的绩效管理模式,虽然取得了一定成效,但仍然存在绩效指标不合理、绩效评价流于形式等问题。本案例中,将平衡计分卡理论融入税务部门的绩效管理中,依据平衡计分卡的四个维度和税务部门的实际情况设计出一套科学有效的绩效指标,致力探索建立一个高效、便捷和战略性强的绩效管理体系,提升组织收入质效,提高税务人员积极性,为建立服务型政府和廉洁型政府保驾护航。

1.2 T市税务局征管部门基本情况

2018年,原T市地税局和原T市国税局合并成T市税务局,承担T市辖区内的税收、社保和非税收入征管职责。T市税务局征管部门主要包括征收管理科、QL分局、CJ分局、TC分局、YC分局、第二税务分局、KFQ分局、YS分局、SL分局和TCH分局。截至2021年上半年,T市税务局共有员工214人,其中征管部门有员工149人,占T市税务局员工总数的70%,管理25 153户企业,年征收税款近30亿元。

1.2.1 人员基本情况

T市税务局征管部门税务人员基本情况如表2-1-1所示。

表 2-1-1　T市税务局征管部门税务人员基本情况表

项目名称	类别	人数	占比%
年龄	21—30岁	26	17.45
	31—40岁	14	9.40
	41—50岁	32	21.48
	51—60岁	77	51.67
性别	男	117	78.52
	女	32	21.48
学历	研究生	18	12.08
	本科	110	73.83
	大专	19	12.75
	中专及以下	2	1.34
职级	一级主办	2	1.34
	二级主办	4	2.68
	三级主办	29	19.46
	四级主办	71	47.65
	一级行政执法员	43	28.87

从年龄分布上看，税务人员整体年龄偏大，51—60岁税务人员占比51.67%，此年龄段税务人员的优点是办事成熟稳重，部分税务人员已成为业务精英，职场经验丰富；缺点是年龄大，学习能力下降，工作热情不高，工作效率下降，缺乏创造性，业务上升空间狭小。T市税务局征管部门税务人员年龄断层明显，21—30岁税务人员占比17.45%，31—40岁税务人员占比9.40%，这两个年龄段的税务人员的优点是学习能力强，工作热情饱满，业务提升空间大；缺点是职场经验少，业务能力较弱。T市税务局征管部门年龄偏大的税务人员居多，年龄断层明显，呈哑铃状分布；从长远的角度来看，税务人员"塌方式"退休后，税务人员人数缺口较大，不利于单位长远发展。

从性别上看，税务人员中男性占绝大多数，占比高达78.52%。这是因为在实际工作中，领导往往不会安排女性去做难活、脏活和累活，而把这些活分配给男性，所以倾向于招录男性公务员。但是近几年T市税务局新招录公务员中，绝大多数为女性，有望改善税务人员招录时的男女比例。

从学历上看，税务人员中本科学历居多，占比高达73.83%，研究生和大专及以下学历占比较小，呈"两头小、中间大"的橄榄形结构，表明T市税务局征管部门税务人员总体素质较高。为了鼓励广大税务人员通过刻苦学习改善专业知识结构，提升学历、学位层次，提高文化素质和综合能力，满足T市税务局征管部门人才需求，T市税务局征管部门可加强税务人员学历教育。

从职级上看，税务人员中四级主办较多，占比达47.65%，一级行政执法员占28.87%，表明税务人员职级普遍较低，只有极少数税务人员是一级主办，说明税务人员职级晋升较难，容易挫伤员工的工作积极性，降低员工的工作效率。

综上所述，T市税务局征管部门税务人员年龄"断层"现象明显，年龄偏大的税务人员居多，可能导致未来一段时间内，年龄偏大的税务人员退休后，年轻税务人员还未培养起来，产生工作岗位缺口等诸多问题。当前T市税务局征管部门对年轻税务人员培养的迫切性更强。T市税务局征管部门员工职级普遍较低，职级晋升较难，不利于提高员工的工作积极性，因此推广新的绩效评价体系是有必要的。

1.2.2 税源基本情况

T市地理位置特殊，市内既没有矿产资源可开发，又没有大型国有企业可支撑，也没有大中型城市可依托，经济发展只能依靠全民创业和招商引资。2020年，T市税务局征管部门收入基本情况如表2-1-2所示。

表2-1-2　T市税务局征管部门收入基本情况表

单位：万元

征管部门名称	税收						非税收入	合计	收入占比
	增值税	企业所得税	消费税	个人所得税	土地增值税	契税			
QL分局	36 321.90	21 032.14	8 239.38	10 023.23	5 892.39	237.20	2 123.21	83 869.50	25.42%
CJ分局	15 845.30	13 761.38	5 236.25	8 349.34	3 129.29	264.00	1 613.55	48 199.10	14.61%

续表

征管部门名称	税收						非税收入	合计	收入占比
	增值税	企业所得税	消费税	个人所得税	土地增值税	契税			
YS分局	9 130.22	7 329.24	3 736.33	5 374.23	2 840.68	135.30	849.39	29 395.40	8.91%
TC分局	8 698.34	6 347.31	2 782.62	5 238.53	1 934.91	89.17	621.28	25 712.20	7.79%
YC分局	9 213.44	7 549.27	4 772.37	6 348.98	2 283.11	94.28	934.35	31 195.80	9.46%
SL分局	7 434.39	5 324.65	3 762.71	6 364.83	2 538.85	97.83	895.56	26 418.80	8.01%
TCH分局	10 175.40	8 267.93	4 294.56	6 738.99	1 288.76	74.88	1 003.62	31 844.10	9.65%
KFQ分局	11 634.10	9 268.54	3 762.33	5 638.33	1 482.36	83.64	1 934.32	33 803.60	10.25%
第二分局	5 328.36	4 217.55	2 190.24	5 384.39	1 723.33	102.50	501.98	19 448.30	5.90%
合计	113 781.00	83 098.01	38 776.80	59 460.85	23 113.68	1 179.00	10 477.26	329 887.00	100.00%

T市经济税源具有以下4个特点：一是纳税户地域分布分散。2020年全市9个税务分局组织税收319 409.74万元，组织非税收入10 477.26万元，共329 887.00万元，其中QL分局收入占比为25.42%，比重最大，CJ分局收入占比排第二。T市税务局征管部门人员共149人，共管理12 001家企业和13 152家个体工商户，其中一般纳税人7 732家。二是经济税源集聚于乡镇，每个乡镇都有开发区或工业园区，全市7个乡镇税务局年组织收入均在2亿元以上，最高的超过8亿元，占全局收入总量的83.86%。三是优势产业相对集中，仪表电缆、服装玩具、电子配件等传统优势产业多区域集中，如TC镇的仪表电缆，QL镇的电子配件，CJ镇的食品加工，YC镇的医药、拉丝模具等产业都具有相当规模。四是外向型经济总量较大，民营经济发展快，行业类型多，经济外向度高，共有进出口企业596家，占全市企业总数的53%，其中QL镇有近100家。

1.3 T市税务局征管部门现有绩效评价体系概述

1.3.1 组织领导

T市税务局在党委统一领导下，成立绩效管理工作领导小组，党委书记任组长，8名党委委员任副组长，办公室和征收管理科等部门负责人为成员，小组设在T市税务局办公室，负责组织实施绩效管理工作，各征管部门明确1名绩效联络员，负责上下级对接绩效管理工作。在税务人员绩效评价方面，T市税务局成立数字人事评议委员会，负责数据异议处理，并协助党组做好数据应用工作。评议委员会一般由主管人事工作的局领导及办公室与人事部门、教育部门、纪检部门和党办的负责人组成。T市税务局组织建立了数字人事系统，每名税务人员在数字人事信息系统中记录日常工作，上传数据和工作总结，强化数据分析应用，对税务人员的综合素质进行全面性、系统性评价。

1.3.2 评价内容

根据T市税务局制定的绩效评价办法和评价方案，T市税务局征管部门以税收现代化为战略目标，建立了包括4个一级指标和21个二级指标的绩效指标体系。其中，一级绩效指标包括全面从严治党、税收改革发展、工作运行保障和各方多维评价；二级绩效指标包括学习贯彻习近平新时代中国特色社会主义思想、纵合横通强党建、税费收入管理、减税降费、税收经济分析、税收法治建设、企业所得税管理、优化税收营商环境、税收风险管理、领导考评、纳税人满意度等。在整个绩效评价中，除了绩效指标评分外，还有加减分项目。其中，加分项目包括争先创优、领导批示、优化营商环境、纳税人满意度调查、练兵比武、领军人才和税收影视文化宣传。减分项目包括批评性批示、优化营商环境和纳税人满意度调查。具体如表2-1-3所示。

表 2-1-3 T市税务局对征管部门的绩效评价内容

战略愿景	一级绩效指标	二级绩效指标	加分项目	减分项目
税收现代化	全面从严治党（280分）	学习贯彻习近平新时代中国特色社会主义思想（140分）	争先创优	批评性批示
		纵合横通强党建（140分）		
	税收改革发展（500分）	税费收入管理（25分）	领导批示	批评性批示
		减税降费（25分）		
		税收经济分析（20分）		
		税收法治建设（40分）		
		增值税管理（40分）	优化营商环境	优化营商环境
		企业所得税管理（50分）	纳税人满意度调查	纳税人满意度调查
		个人所得税管理（30分）		
		国际税收管理（30分）		
		大企业税收管理（30分）		
		社会保险费和非税收入管理（40分）		
		健全发票和出口退税监管体系（10分）	练兵比武	
		优化税收营商环境（25分）		
		征管努力程度（50分）	领军人才	
		征管便利程度（30分）		
		税收风险管理（35分）	税收影视文化宣传	
		数据质量（20分）		
	工作运行保障（90分）	安全稳定（90分）	税收影视文化宣传	
		领导考评（90分）		
	各方多维评价（130分）	纳税人满意度（40分）		

T市税务局征管部门税务人员年度绩效评价实行百分制，评价内容包括两部分：日常绩效占70%，公认评价占30%。日常绩效是指对税务人员履职尽责情况及"德、能、勤、绩、廉"各方面日常表现进行评价，日常绩效＝组织绩效（权重为10%）＋领导评鉴（权重为50%）＋现实表现测评（权重为40%）。组织绩效是指税务人员所在的科室或分局在T市税务局年终绩效评价中所得的分数，组织绩效分数通常是千分制，所以需要将组织绩效分数除以10换算成百分制计入税务人员绩效评价成绩。领导评鉴是指对税务人员履行岗位职责、完成工作任务情况进行评价，主要通过政治素质、工作表现及客观数据考评的方式进行。现实表现测评是指对税务人员"德、能、勤、绩、廉"各方面表现定期进行评价，主要通过民主测评的方式进行。现实表现测评指标包括政治品质、道德品行、能力水平、勤勉敬业、改革创新、依法行政、服务群众、担当作为、廉洁从政和工作作风。根据与测评对象的知情度、关联度和代表性确定测评主体范围及权重。加减分项目是指税务人员在"德、能、勤、绩、廉"各方面应予以加分或减分的事项。公认评价是指对税务人员"德、能、勤、绩、廉"各方面表现，按照规定的范围、指标、权重和程序，采用定性与定量、内部与外部相结合的方式进行评价。公认评价＝内部评价（权重为80%）＋外部评价（权重为20%）。内部评价是指年度终了时对全体税务人员进行的年终测评。外部评价是指纳税人、有关单位对税务系统单位及其员工工作质效进行的评价，包括办税服务厅现场评价、纳税人满意度调查。

1.3.3 评价方式

在征管部门考评方式上，根据指标考评内容及性质，T市税务局对征管部门运用量化计分法、直接扣分法、基准加减分法三种方法进行考核。考评程序包括平时考评和年终考评。平时考评要求被考评单位按照考评单位要求，通过绩效管理信息系统或其他方式报送指标完成情况及相关资料。考评单位定期对指标完成情况进行考评，并将考评结果录入绩效管理信息系统。例如，T市税务局考评正风肃纪绩效指标，要求月度结束后20日内进行审核评分。当期指标考评成绩＝当期量化计分指标得分＋基准加减分指标得分＋（直接扣分指标标准分值－当期直接扣分指标扣分分值）。年终考评是指考评科根据平时考评得分，按照计分规则汇总计算被考评单位绩效得分，报 T 市税务局绩效管理工作领导小组审定后予以公布。

在税务人员考评方式上，T 市税务局对税务人员采用平时考评与年终考评相结合、个人自评与组织评价相结合的方式进行考评，主要包括与组织绩效挂钩的得分、与工作任务完成相关的得分、现实表现测评的得分、年终考评的得分、办税服务厅现场评价的得分。对于与组织绩效挂钩的得分，在本单位或本部门的组织绩效成绩出来后 5 日内，按照规定权重计算组织绩效挂钩得分，计入日常绩效。组织绩效挂钩的得分一般按年度计算计入，也可以按季度（或半年）计算计入。对于与工作任务完成相关的得分，主要采用个人纪实、领导评鉴的方式，按季度考评，季度终了 10 日内完成，计入日常绩效。工作纪实是指税务人员通过数字人事系统按日记录日常工作，按季度进行自我评价。领导评鉴按季度进行，领导根据考核对象的个人工作任务、个人纪实、自我评价及相关客观数据等，在季度终了 10 日内进行评鉴。对于现实表现测评的得分，采用投票测评的方式，每半年进行 1 次，半年终了 10 日内完成，计入日常绩效。对于年终考评得分，计入公认评价，一般应在年度终了 10 日内完成。对于办税服务厅现场评价的得分，采取按季统计、全年统算，年度终了 10 日内，计入公认评价。

1.3.4 评价结果及其运用

为了激发税务人员的工作积极性，落实税务绩效评价制度，T 市税务局充分运用绩效评价结果。首先，实行得分划段制度，根据实际需要将税务人员年终个人得分进行排序划段。税务人员得分一般划分为 4 个分数段，得分排在前 20% 的为第一段，20%～50% 的为第二段，50%～95% 的为第三段，排在后 5% 的为第四段。对处于第四段的税务人员名单由组织掌握，不予公布。然后，建立年度考评模型，进行得分划段，作为年度考评、评先评优的重要参考。在年度考评中，获评优秀税务人员的税务人员必须在第一段内。在专项评先评优中，综合考虑年度考评的得分排名情况，优先推荐处于第一、二段的人员，处于第四段的人员不能参加评先评优。

对于年度考评优秀的税务人员，在评先评优，干部选拔任用，干部职级评定，干部交流、遴选，领军人才、专业人才选拔培养等方面享有优先权，如连续两年年度考评得分排名前两位，优先提拔任用。

1.4　T市税务局征管部门绩效管理中存在的问题及其原因

为了全面了解T市税务局征管部门绩效管理现状，案例研究人员设计了调查问卷（附录一），对T市税务局征管部门税务人员对目前税务绩效管理满意度进行调查并收集意见和建议。

根据T市税务局征管部门绩效管理中可能存在的问题，设计匿名绩效管理满意度调查问卷，除人员基本情况和建议外，主要内容包括三个部分（调查问卷的第二至四项）：一是调查税务人员对T市税务局征管部门绩效指标体系的看法，进而了解其对T市税务局征管部门现行绩效管理是否满意，如有不满意，何处需要优化；二是调查既定绩效指标是否得到执行，税务人员对执行情况是否满意，如有不满意，何处需要优化；三是调查绩效指标考评结果是否得到实际运用，税务人员对运用情况是否满意，如有不满意，何处需要优化。第1—10题主要反映税务人员对T市税务局征管部门绩效指标体系的满意度；第11—20题主要反映税务人员对T市税务局征管部门绩效指标执行的满意度；第21—30题主要反映税务人员对T市税务局征管部门绩效考评结果运用的满意度。

为了确保调查问卷的有效性，根据美国心理学家李克特改进的李克特量表基本原理，问卷第二部分的选择题都是单选，5个选项分别是"非常满意""满意""一般""不满意""非常不满意"，分别计为5分、4分、3分、2分、1分，统计每份调查问卷的总分，分数可以说明被调查者的态度强弱。同时，在分发调查问卷时，充分向被调查者说明学术用途，不另作他用，全程匿名，充分保护被调查者的隐私；在回收调查问卷时，剔除全部选择相同选项的无效问卷。

通过向T市税务局征管部门149名税务人员发放调查问卷，研究税务人员对当前绩效管理的满意度，收集相关建议和意见，回收有效调查问卷138份、无效调查问卷11份，问卷回收有效率达到93%。对收集到的问卷数据进行SPSS分析，对138个调查结果进行的效度分析显示，

138份问卷数据的克隆巴赫系数（Cronbach's alpha）均在0.864以上，表示收集到的问卷数据信度非常高，数据真实。

1.4.1 绩效战略对绩效指标的指导性不强

税务绩效战略是税务系统未来发展的方向，是税务系统的核心价值观，清晰合理的绩效战略有利于个人绩效目标与组织绩效目标保持一致。目前，国家税务总局从国家整体层面确立了税收现代化"六大体系"绩效战略，比较宏观，在基层税务机关绩效指标制定与执行中，绩效战略还停留在文件中，只有极少数高层领导了解绩效战略。从问卷调查结果来看，只有3.62%的税务人员对绩效战略对绩效指标的指导性表示满意；有40.58%的税务人员对绩效战略对绩效指标的指导性表示不满意；根据李克特量表基本原理，平均分值2.59分表示税务人员对绩效战略对绩效指标的指导程度总体不太满意。具体问卷调查结果如表2-1-4所示。

表2-1-4　T市税务局征管部门问卷调查结果

名称	选项A	选项B	选项C	选项D	选项E	平均分值
对税务绩效战略"六大体系"的了解程度	15.22%	9.42%	10.87%	18.84%	45.65%	2.30
对税务绩效战略目标的清晰程度	10.87%	7.97%	10.87%	22.46%	47.83%	2.12
对绩效战略对绩效指标的指导程度	3.62%	24.64%	15.22%	40.58%	15.94%	2.59

T市税务局绩效战略对绩效指标的指导性不强的原因主要包括以下几个方面。

（1）绩效战略未贴合工作实际。从国家整体层面制定税收绩效战略，如建立完备规范的税法体系，这与T市税务局征管部门工作实际脱节，难以指导T市税务局征管部门实际工作。

（2）绩效战略未能有效分解。绩效战略是一个抽象化、宏观化的愿景和使命，如何细化战略、描述战略决定着绩效战略能否落到实处。根据国家税务总局制定的绩效战略和自身实际情况，基层税务机关可以建立战略地图，分解驱动因素，分层细化组织战略。

（3）税务人员对绩效战略的重视程度不够。在实际工作中，税务人员往往更重视实际工作，而把绩效考评当作流程和负担，同时，当前税务系统绩效考评内容和流程过于复杂，导致绝大部分税务人员不了解当前绩效考评指标，更不了解绩效战略，无法认识到绩效战略的重要性。

针对以上问题，在国家税务总局总体战略目标的基础上，T市税务局征管部门可以根据自身实际情况，制定符合自身发展、可实现的战略目标，绘制T市税务局征管部门绩效管理战略地图，按照平衡计分卡理论的四个维度分解战略目标。

1.4.2 忽视非财务指标的重要性

财务指标能够反映组织过去的财务绩效，但并不能反映组织未来发展前景和趋势，无法避免滞后性的缺陷，这种忽视外部环境的财务指标不能满足如今的绩效评价要求，而非财务指标往往能够弥补财务指标的这一缺陷。因此，在绩效评价中应将绩效指标转向外部环境，分析产生财务结果的原因和潜在风险。同时，财务指标以价格为基础，忽视组织创新能力、先进管理模式等智力型资产，弱化顾客满意度、市场占有率等外部市场因素，忽视员工满意度、新技术研发能力等内部市场因素，而这些无形因素绝大部分以非财务指标体现，并成为组织内在价值的动因。目前，T市税务局征管部门绩效指标以财务指标为主，非财务指标占比很小。例如，在组织绩效考评方面，T市税务局征管部门共设置234个绩效指标，其中财务指标占95%；在税务人员绩效考评方面，T市税务局征管部门共设置12个考评项目，财务指标占比82%。尽管T市税务局征管部门绩效指标中有少量非财务指标，但非财务指标量化不清晰、考评流程不科学等，容易造成考评流于形式，形成"暗箱操作"现象，考评结果的公平性和真实性常常受到质疑，无法对税务人员起到激励效果。例如，T市税务局征管部门绩效指标中的非财务指标包括现实表现测评等，绝大部分税务人员都不知道现实表现测评是什么、有什么作用，现实表现测评基本上都是走过场，导致绩效考评流于形式，并不能客观反映税务人员实际工作能力和工作态度。从问卷调查结果来看，有42.03%的税务人员对单位重视非财务指标不满意，有36.23%

的税务人员对单位重视非财务指标非常不满意。根据李克特量表基本原理，平均值为 2.01 分表示税务人员认为 T 市税务局征管部门绩效考评不重视非财务指标，具体问卷调查结果如表 2-1-5 所示。

表 2-1-5　T 市税务局征管部门问卷调查结果

名称	选项 A	选项 B	选项 C	选项 D	选项 E	平均分值
对 T 市税务局征管部门绩效考评非财务指标的重视程度	4.35%	6.52%	10.87%	42.03%	36.23%	2.01

T 市税务局征管部门忽视非财务指标重要性的原因主要包括以下几个方面。

（1）考评机制复杂。为健全税务人员综合考核评价管理体系，T 市税务局运用数字人事系统对税务人员进行全面考评。"数字人事"主要包括五个模块：职业基础、平时考核、公认评价、业务能力和领导胜任力。而平时考核模块包括四个方面的内容，即全面从严治党、税收改革发展、工作运行保障和各方多维评价。现实表现测评主要考评"德、能、勤、绩、廉"，由此可以看出考评内容非常复杂。

（2）领导重视程度不够。根据上级税务机关绩效考评方案和上年 T 市税务局征管部门考评成绩，经过多方面综合考虑，得出 T 市税务局征管部门绩效考评方案，因此绩效考评方案和路径都是自上而下的。由于财务指标能够直观反映税务机关的业绩，而非财务指标无法量化，见效周期长，所以税务机关领导层往往更重视财务指标，如组织收入等。

（3）考评结果有"暗箱操作"风险。T 市税务局征管部门在年终评奖评优时，需要保证流程透明公正，而模糊的非财务指标定义存在考评结果被暗箱操作的风险。

引入非财务指标的意义在于，通过发挥财务和非财务指标之间的协同作用，税务机关可以通过财务视角保持对短期业绩的关注，也可以通过非财务视角揭示税务机关如何保持长期业绩增长，了解潜在漏洞，找出财务问题的根源。

1.4.3　绩效指标体系缺乏系统性

T 市税务局征管部门绩效考评方案中，战略目标是税收现代化，一级指标是全面从严治党、税收改革发展、工作运行保障和各方多维评价，其中"全面从严治党"包括学习贯彻习近平新时代中国特色社会主义思想、纵合横通强党建、干部管理监督、职务职级并行、干部教育培训、巡视巡察、督察内控、专项整治和正风肃纪。从以上指标设置可以看出，绩效指标之间缺乏因果性、逻辑性，而运用平衡计分卡理论可以很好地解决上述问题。平衡计分卡理论以组织战略为核心，将组织战略与绩效管理全面结合，把使命和愿景从四个维度分解成小目标，然后把小目标分解成多项绩效指标，最终形成四个维度互相关联的绩效评价系统。从问卷调查结果来看，有 39.13% 的税务人员表示对 T 市税务局征管部门绩效指标的系统性程度不满意，有 31.88% 的税务人员表示对 T 市税务局征管部门绩效指标的系统性程度非常不满意。根据李克特量表基本原理，平均分值为 2.23 分，这表示税务人员认为 T 市税务局征管部门绩效考评的系统性不强。具体问卷调查结果如表 2-1-6 所示。

表 2-1-6 T 市税务局征管部门问卷调查结果

名称	选项 A	选项 B	选项 C	选项 D	选项 E	平均分值
对 T 市税务局征管部门绩效指标的系统性程度	5.80%	14.49%	8.70%	39.13%	31.88%	2.23

T 市税务局征管部门绩效指标体系缺乏系统性的原因主要包括以下几个方面。

(1) 缺乏绩效管理制度顶层设计。现代政府绩效评估起源于西方国家的公务员制度，欧美国家从 19 世纪 50 年代开始对政府绩效展开研究，先后形成关键绩效指标理论、目标管理理论和平衡计分卡理论等。而我国税务系统绩效管理理论薄弱，制度起步晚，缺乏长期性、系统性和战略性规划，导致实际绩效考评过程中存在各种短期行为。

(2) 绩效考评沟通不畅。绩效办对于审核后的绩效指标征求 T 市税务局意见，T 市税务局再征求征管部门意见，并反馈到上级税务局。从工作实际情况来看，T 市税务局征管部门税务人员很少对新方案提出意见，原因是部分税务人员没有意见；部分税务人员不愿给自己增加工作量;部分税务人员认为即使提了意见,也基本上不会被采纳和收到反馈。例如,绩效考评管理办法规定,税务人员对考评成绩有异议的,在考评结果公布 5 日内向考评科提出申诉,考评科核实申诉事项,并向相关考评单位提出处理意见后,由绩效管理领导小组审议。实际工作中,几乎没有税务人员提出异议,即使有人提出异议,反馈的意见一般也不会被采纳,处理结果基本上都是不了了之。

而使用平衡计分卡进行绩效管理的好处是:T 市税务局征管部门能够加大对税务人员培养(学习与成长维度)的力度,提高税务人员的工作积极性,将税务人员个人目标与组织目标有效结合在一起,规范税务部门征收行为和流程,强化组织建设和廉政建设(内部流程维度),从而提高纳税人的满意度,建立良好的征纳关系(纳税人维度),完成上级税务部门布置的税收任务,降低行政成本并提高行政效率(财务维度)。

1.4.4 忽视绩效过程管理

现代绩效管理理论与传统绩效管理理论有很大区别,最重要的区别是现代绩效管理理论更重视绩效过程管理,而不是绩效结果。在年终考评结束时,绩效结果已无法改变,而通过分析绩效过程,就能了解绩效结果产生的原因及其改进方法,因此绩效过程管理比绩效结果更重要。从问卷调查结果来看,有 46.38% 的税务人员对 T 市税务局征管部门绩效考评过程严谨程度表示非常不满意,超过一半的税务人员对 T 市税务局征管部门绩效考评过程公开透明程度表示不满意或非常不满意。根据李克特量表基本原理,平均分值分别为 2.38 分和 2.49 分,这表示税务人员认为 T 市税务局绩效考评过程有待完善。具体问卷调查结果如表 2-1-7 所示。

表 2-1-7 T 市税务局征管部门问卷调查结果

名称	选项 A	选项 B	选项 C	选项 D	选项 E	平均分值
对 T 市税务局征管部门绩效考评过程严谨程度	15.22%	12.32%	14.49%	11.59%	46.38%	2.38
对 T 市税务局征管部门绩效考评过程公开透明程度	5.07%	21.01%	18.12%	29.71%	26.09%	2.49

T市税务局征管部门忽视绩效过程管理的原因主要包括以下几个方面。

（1）绩效考评机制只看重结果。T市税务局征管部门属于政府职能机构，不参与市场竞争，由上一级税务机关对T市税务局征管部门进行绩效考评，并以此为依据对T市税务局征管部门及与其同级的其他税务机关进行排名。对上不对下的考评机制造成T市税务局征管部门并不注重绩效过程管理，只看重绩效结果，力争不扣分，之后才追求能够加分。

（2）缺少有效的信息化手段。绩效过程管理涉及内容多、流程长、环节多，每个环节都有很大的工作量，仅仅依靠手工操作很难完成。目前，T市税务局征管部门绩效考评信息化手段包括组织绩效系统和数字人事系统，两个系统并未按照绩效过程管理的要求来设计，并且T市税务局征管部门绩效评价体系过于复杂，导致无法通过现有信息化手段进行有效的绩效过程管理。

绩效管理不仅要关注结果，更要关注绩效形成的过程，在制订绩效计划、确定绩效指标后，上级要对下级的工作进行全方位指导，了解工作成绩，及时发现问题，并随时根据实际情况对绩效计划进行调整，加强绩效沟通和反馈。

1.4.5　绩效评价方法不完善

目前，T市税务局对征管部门运用量化计分法、直接扣分法、基准加减分法三种方法进行考评。量化计分法是指以固定值为目标值，超过目标值的，得满分；未达到目标值的，根据与目标值的差距计算得分。直接扣分法是指每一个指标、每个考评节点只计算扣分分值。基准加减分法是指完成基准任务的，得基准分；高质量完成的，在基准分上予以加分；发生差错等行为的，在基准分上予以减分。在T市税务局征管部门的绩效考评中，直接扣分法扣分分值占总分一半以上，造成干多错多、干少错少、不干不错等不合理现象，严重降低了税务人员的工作积极性和工作效率，说明T市税务局现有绩效考核方法有待完善。从问卷调查结果来看，有42.02%的税务人员对T市税务局征管部门绩效考评方法科学程度非常不满意。根据李克特量表基本原理，平均分值为1.97

分,这表示税务人员认为 T 市税务局征管部门绩效考评方法不太科学。具体问卷调查结果如表 2-1-8 所示。

表 2-1-8　T 市税务局征管部门问卷调查结果

名称	选项 A	选项 B	选项 C	选项 D	选项 E	平均分值
对 T 市税务局征管部门绩效考评方法科学程度	5.80%	6.52%	8.70%	36.96%	42.02%	1.97

T 市税务局征管部门绩效考评方法不完善的原因主要包括以下几个方面:

(1) 指标颗粒度较大。对于同一指标,如纳税人满意度,下发文件多、涉及部门广、内容多,此项指标考评中"不符合上级要求"意义模糊,在实际考核过程中难以衡量。

(2) 绩效考评标准不清晰。目前,T 市税务局征管部门采用数字人事系统考评税务人员个人,个人得分与组织绩效挂钩程度不高,其中领导评鉴、现实表现测评和年终考评成绩以税务人员之间互相投票产生结果为准,主观性较强,随意性较大,导致考评结果并不公允。

完善的绩效考评方法不仅能够科学评价税务人员工作质量的高低,更能够最大程度地提高税务人员的工作积极性。因此,建议在制定绩效指标时,要从税务人员工作实际情况出发,因势利导,细化绩效指标。

1.4.6　绩效结果运用不合理

通过问卷调查了解到,有 42.76% 的税务人员对 T 市税务局征管部门绩效结果的运用程度非常不满意,认为绩效结果与评先评优等结合性不强或没有结合。根据李克特量表基本原理,平均分值为 2.33 分,这表示税务人员认为 T 市税务局征管部门绩效结果的运用程度不高。实际工作中,大部分税务人员认为绩效是领导的事情,与自己无关,存在吃"大锅饭"的现象,说明绩效结果应用性不强,绩效考评并未发挥出"指挥棒"作用。具体问卷调查结果如表 2-1-9 所示。

表 2-1-9　T 市税务局征管部门问卷调查结果

名称	选项 A	选项 B	选项 C	选项 D	选项 E	平均分值
对 T 市税务局征管部门绩效结果的运用程度	11.59%	15.22%	10.14%	20.29%	42.76%	2.33

T 市税务局征管部门绩效结果运用不合理的原因主要包括以下几个方面。

（1）考评结果不公允。T 市税务局对征管部门的绩效考评是自上而下的，具有一套完整的绩效考评方案，用于衡量各部门实际工作质效，年终进行排名和评比。但是，运用数字人事系统对税务人员个人进行绩效考评缺乏符合实际工作情况的考核标准和一套科学的考评方案，造成以投票为主要考评方式的考评结果缺乏足够的客观性。

（2）领导不够重视。考评结果的运用程度很大部分与领导的重视程度相关。领导平时工作内容多，面临内部管理和外部考评的压力，可能无法面面俱到，再加上税务部门多年来形成的考评习惯，决定了领导不愿意与"形势"为敌。

只依靠传统绩效考评模式来考评税务人员是无法克服现有弊病的，必须自上而下开启根本性的绩效变革，制定一套完善的绩效考评制度和实施方案，才有可能改善绩效管理效率不高、税务人员活力不强的现状。

1.5　平衡计分卡用于 T 市税务局征管部门绩效评价的必要性和可行性分析

为了充分发挥绩效评价的激励鞭策作用，结合国家税务总局最新绩效评价结果运用办法，强化考评结果在干部任用、年度考评、评先评优等方面的运用，树立正面导向，提高税务人员的工作积极性，提高绩效管理效率。下面结合 T 市税务局征管部门绩效管理存在的问题，详细分析原因，讨论引入平衡计分卡的可行性，对 T 市税务局征管部门绩效指标体系进行重新设计。

1.5.1　引入平衡计分卡的必要性分析

通过对 T 市税务局征管部门绩效考评过程中存在的问题及其原因的

分析发现，原有的绩效评价机制已经不能满足现实要求，需要引进新的绩效评价机制，如平衡计分卡的引入可以有效解决已经暴露的问题。

1. 平衡计分卡可以将绩效战略目标落到实处

国家税务总局提出税务绩效战略目标"六大体系"，但在基层税务部门实施绩效评价过程中，绩效战略目标显得格外遥远，对于基层税务部门绩效评价没有实际指导意义，导致组织战略与个人目标脱节。而平衡计分卡的核心思想是管理战略，能够有效契合组织战略体系。平衡计分卡以战略为主导，可以把战略目标从四个维度分解为可实现、更具体的战略地图，两两目标之间相互促进、相互影响和相互关联，四个方面的目标连接成一条因果关系链。分解后的战略目标让税务人员容易理解，便于实施，将个人目标与组织战略连起来，将绩效战略目标落到实处，同时提高税务人员的工作积极性，增强税务人员的"主人翁"意识。

2. 平衡计分卡可以帮助税务人员培养创新精神

T市税务局征管部门绩效考评模式具有自上而下的特点，难以激发税务人员的工作热情，难以调动税务人员的工作积极性，更无法培养税务人员的创新精神。而平衡计分卡可以帮助T市税务局征管部门培养税务人员的创新精神。平衡计分卡将无形资产分为三类：一是人力资本，主要包括员工综合素质、技能和创新能力；二是信息资本，主要包括数据库、网络等基础技术和基础设施；三是组织资本，主要包括领导力、团队意识和组织文化等。从学习与成长维度来看，平衡计分卡更注重对人力资本的投资，通过分析能够创造出具有持续价值的无形资产，了解组织未来如何创造价值。平衡计分卡通过加强税务人员培养，激发内生动力。从内部流程维度来看，平衡计分卡能提高税务部门内部运行效率和纳税服务质量，增强组织凝聚力和团队合作意识。

3. 平衡计分卡可以帮助组织建立科学的绩效评价体系

T市税务局征管部门现有的绩效评价体系存在忽视非财务指标、绩效指标体系缺乏系统性等问题。平衡计分卡从四个维度对现有绩效评价体系综合分析，全面衡量内在驱动因素。通过学习与成长维度的指标，注重培养税务人员的综合素质和学习能力，提高税务人员的满意度，提升组织内生动力。通过内部流程维度的指标，规范征收行为，提高征管水平，从而提高行政运行效率。通过纳税人维度的指标，全面衡量纳税人满意度，以纳税人需求倒逼改革创新。通过财务维度的指标，加强组织收入，降低纳税成本，完成"为国聚财、为民收税"的使命。

1.5.2 引入平衡计分卡的可行性分析

1994年，卡普兰和诺顿将平衡计分卡应用到企业管理中时，发现平衡计分卡同样适用于政府部门。然而，平衡计分卡并不适合所有组织，只有满足内部和外部条件，才能成功运用平衡计分卡理论。这些条件主要包括高层领导及中基层人员支持、清晰的组织架构和岗位职责、全面预算管理等。

1. 高层领导及中基层人员支持

如果税务机关将平衡计分卡应用到绩效管理中，必将迎来一场辞旧迎新的管理革命。在实际实施过程中，肯定会涉及组织的方方面面，因此这是一个非常复杂的变革管理过程，首先，需要高层领导支持。由于中基层人员对组织战略缺乏深刻认识，只有高层领导能较好地描述战略目标。同时，高层领导具有决策权，能够给平衡计分卡绩效管理小组提供更多资源和便利。在实际实施过程中，肯定会遇到层层阻力，只有高层领导全力支持，才能化解各种矛盾。其次，中层领导的参与是重要保证。中层领导可以对组织战略的制定出谋划策，分解战略目标，制订绩效计划和下级员工绩效方案，以及指导和反馈日常绩效。绩效管理的每个环节都离不开中层领导的参与。最后，组织的绩效管理需要每一位税务人员去完成，只有基层人员认识到平衡计分卡的重要性，认真学习绩效战略和绩效方案，将绩效指标落到实处，才有可能成功实施平衡计分卡。T市税务局属于国家行政机关，市场竞争压力小，但由于上级税务局每年都会对T市税务局进行绩效考评，因此T市税务局高层领导非常重视绩效管理工作；中基层人员绝大多数都受过高等教育，综合素质较高，对新事物接受能力较好，根据问卷调查结果，中基层人员都希望绩效考评体系能够综合、客观地反映现状。

2. 清晰的组织架构和岗位职责

在对组织绩效体系分解时，需要找到分解依据，这个依据就是部门使命和职能对组织绩效指标体系的驱动力，而判断驱动力的前提就是梳理组织架构，明确岗位职责。2014年以来，T市税务部门启动绩效管理工作，已经形成成熟的组织管理体系和相对完善的组织架构，具有较好的管理基础。T市税务局成立绩效管理领导小组，由党委委员牵头，各征管部门负责人是绩效管理领导小组成员，各征管部门设置绩效联络员。党委"一把手"负责全面统筹，统一调度人力、物力、财力；各党委委员分工负责，与各征管部门负责人共同商讨绩效计划实施细节，分解战略目标；各绩效联络员负责日常绩效考评和反馈；高层领导和中基层人员权责清晰，分工合作。平衡计分卡的实施是一项系统工程，需要建立在完善的组织架构、成熟的管理体系、量化数据支撑、规范的流程和客观的反馈体系的基础之上，因此T市税务局实施平衡计分卡是可行的。

3. 全面预算管理

全面预算管理是通过分配T市税务局征管部门的人力、物力、财力等资源，实现既定的战略目标。首先，为了确保平衡计分卡落到实处，保证平衡计分卡的开发、制定和实施，需要有充足的资金预算，而T市税务局征管部门作为政府职能部门，有国家财政大力支持，有足够能力保证资金预算。其次，要使平衡计分卡落到实处，需要保证时间预算。平衡计分卡实施计划从批准到全面实施，需要有充足的时间保障，让忙碌的税务人员抽出空闲时间实施平衡计分卡是不会成功的，必须组建专门团队全心全意投入平衡计分卡的实施中。T市税务局成立了绩效管理领导小组并设置了绩效联络员，具有完整的绩效管理框架和体系，实施平衡计分卡是可行的。

平衡计分卡最早应用于企业，逐步应用于非营利组织，并获得了成功，如美国教育组织"为美国而教"（Teach for America，TFA）、英国国防部（Ministry of Defence，MoD）、加拿大公共服务系统和新加坡地区法院等。各国普遍认为政府权威建立在健全、公开和透明的绩效评价体系之上，运用平衡计分卡有利于完善和强化政府绩效评价和管理机制。同时，国内非营利组织纷纷借鉴平衡计分卡理论，并获得了成功，如青岛市委、市直机关和黑龙江省海林市等，通过调整平衡计分卡四个维度、分解战略目标、细化平衡计分卡指标等，将平衡计分卡与政府绩效有效结合起来。因此，将平衡计分卡理论引入T市税务局征管部门绩效考评中是切实可行的。

1.6 基于平衡计分卡的T市税务局征管部门绩效指标体系优化设计

1.6.1 绩效指标体系设计思路

首先，T市税务局征管部门的绩效战略是建立税收现代化"六大体系"，与国家税务总局的绩效战略一致。本书认为，T市税务局征管部门应该根据自身外部环境和内部环境，建立一个科学、可实现的绩效战略总目标，再将绩效战略总目标按照四个维度进行分解。四个维度的目标通过因果关系联系在一起，形成一套完整的、可实现的战略地图。

其次，在明确绩效战略的基础上，运用德尔菲法，邀请税务领域相关专家、学者，采用匿名方式，向他们征求意见，在现有战略目标的基础上，提出绩效指标体系。

再次，收集数位专家、学者的意见，进行综合分析、反馈，将大家的意见互相告知，经过大家统一商讨，得出一致的绩效指标体系。

最后，采用1—9标度法设计绩效指标重要性调查问卷，并运用层次分析法构建目标层和准则层判断矩阵，运用MATLAB软件进行矩阵向量运算和一致性检验，避免指标值之间产生矛盾，最终获得指标权重，并进行汇总计算。

1.6.2 构建战略地图

国家税务总局的使命是为国聚财，为民收税，调节地方经济发展和维护国家、社会稳定，继而站在国家宏观角度制定税收现代化"六大体系"绩效战略。通过调研，T市税务局征管部门的绩效战略是提供令人满意的纳税服务，优化组织管理方式，服务T市经济发展。T市税务局征管部门的总体战略目标按照平衡计分卡四个维度可分解为以下战略目标。

（1）财务维度目标：提高税收、加强欠款追缴、降低行政成本。

(2) 纳税人维度目标：提高纳税人满意度、提高纳税申报率、提高税法遵从度、建立良好的征纳关系。

(3) 内部流程维度目标：落实税收政策、加强税源监控、强化组织建设、减少行政复议。

(4) 学习与成长维度目标：加大培训力度、鼓励岗位练兵、调研成果创新。

T市税务局征管部门战略地图详细情况如图2-1-1所示。

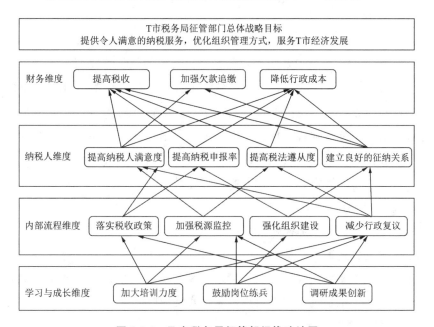

图2-1-1　T市税务局征管部门战略地图

1.6.3　财务维度

从股东角度来看，运用平衡计分卡绩效考评方法是为了组织税收，节约政府运行成本，加强税务机关行政管理。为了具体衡量组织税收和节约的政府运行成本，根据关键绩效指标理论，设计绩效考评指标，包括税收增长率、税收计划完成率、欠款追缴率、税收经济分析、税收成本率等。

1. 税收增长率

税收增长率=（本期税收额−上期税收额）/上期税收额×100%

基层税务部门是国家组织税收的"最后一公里",承担着"为国聚财、为民收税"的使命,如何在保证不加重纳税人负担的前提下提高税务机关的税收增长率是非常重要的课题。影响税收增长率提高的因素主要有以下几个方面:一是国家总体经济增速快,税收增长率也随之增长;二是建立完善的税收征管制度,堵塞漏洞,加大查处力度,有效打击偷税漏税违法行为;三是优化税收征管方式,提高征税效率,充分运用"互联网+"模式,提高征税率。

2. 税收计划完成率

$$税收计划完成率=实际税收额/税收计划额\times100\%$$

每年 T 市人民政府和上级税务局根据去年的税收完成情况、当年经济发展形势、国家大政方针(如国务院出台减税降费政策)制定 T 市税务局税收任务,T 市税务局将总税收任务根据各分局的经济发展水平划分成小目标,分配到各分局。年中和年末根据实际经济动态调整部分指标。税收计划完成率主要是考评当年税收完成情况。税收计划完成率越高,税收工作开展得越好,计划制订得越科学。

3. 欠款追缴率

$$欠款追缴率=本期追回欠款/往期欠款\times100\%$$

设置欠款追缴率指标的目的是衡量征管水平的提高对税收收入的贡献度。欠款追缴率高说明税收征管水平高,行政效率高,有利于打击偷税漏税行为,维护税务机关良好形象,实现税收公平。

4. 税收经济分析

为了最大限度发挥"以税咨政"作用,税收经济分析以全局性重大任务为重点,盯紧经济运行、政策效应,多角度、大跨度、全维度地进行分析,既着眼于过去,又展望未来;既分析成效,又反映问题。税收经济分析不但需要税务系统内部上下级之间、同级之间相互沟通和协作,也需要税务部门加强与政府其他部门的沟通和联系。税收经济分析成果可以帮助税务部门完善税收征管体系,因此税收经济分析是非常重要的绩效考评指标。

5. 税收成本率

$$税收成本率=税收成本/税收\times100\%$$

与企业绩效考评机制类似，衡量税务部门运行效率的关键因素之一——税收成本率越低，说明税务部门为完成税收指标所付出的成本越低，税务部门运行效率越高。

1.6.4 纳税人维度

从顾客角度来看，运用平衡计分卡绩效考评方法是为了提高纳税服务质量，优化营商环境。对于纳税人而言，税务部门在向纳税人征税的同时，也要向其提供优质、便捷的纳税服务，因此本书将"顾客维度"修正为"纳税人维度"。基于关键绩效指标理论，将纳税人维度目标进一步分解为提高纳税服务质量和提高纳税意识。T市税务局征管部门纳税人维度的绩效指标包括纳税人满意度、纳税人投诉率、按期申报率和税法宣传率。

1. 纳税人满意度

纳税人满意度是指纳税人对税务机关提供的纳税服务质量的满意程度。纳税人对税务机关工作质量越认可，纳税人满意度越高。纳税人满意度主要包括纳税人对办税人员的业务水平、服务态度、网上政务公开、涉税审批、税务稽查、廉洁自律等方面的满意度。该指标通过纳税人线下和线上评价分数取均值进行衡量。

2. 纳税人投诉率

$$纳税人投诉率 = 本年投诉案件量/总管理户数 \times 100\%$$

为了保护纳税人的合法利益，规范纳税服务，纳税人有权对不满意的征税行为进行投诉、举报、行政复议或诉讼。税务机关收到纳税人的投诉后应本着"谁主管、谁负责"的原则，客观地分析投诉的性质、影响和原因及解决办法。

3. 按期申报率

$$按期申报率 = 当期实际申报数/总申报数 \times 100\%$$

按期申报是指纳税人在税法规定期限内对增值税、企业所得税等税种进行申报。按期申报率高，在一定程度上说明纳税人纳税意识强，税法遵从度高，税收征管效率高。

4. 税法宣传程度

$$税法宣传程度 = 活动举办次数 \times 活动覆盖人数 / 地区应纳税人数 \times 100\%$$

每年四月,T市税务局开展丰富多彩的税收宣传活动,使人民群众充分意识到社会主义税收取之于民、用之于民的本质,使税收工作得到人民群众的理解,纳税人的纳税意识不断增强,税收秩序持续改善,税收征收效率明显提高。

1.6.5 内部流程维度

从T市税务局征管部门的角度来看,基层税务机关只有把税务机关的内部控制、行政效能、廉政建设、征收质量管理等工作做好,提高税务机关核心竞争力,才能在年终绩效考评中取得优异成绩,向纳税人交一份满意的答卷。T市税务局征管部门内部流程维度的绩效指标包括基层党组织建设、税收政策落实情况、信息化平台建设、税源监控管理水平、政务信息公开。

1. 基层党组织建设

目前,税务工作强调党建引领,要将加强党的领导贯穿税收工作的全过程,充分发挥党员干部在推进基层党建、税收征管体制改革中的积极作用,实现组织体系和辐射范围的全覆盖。基层党组织建设主要包括党性建设、党委班子建设、干部队伍建设和廉政建设,涉及组织好政治理论、业务知识的学习。因此,基层党组织建设是衡量税务部门绩效的重要考评指标。该指标通过组织内部党员打分取均值进行衡量。

2. 税收政策落实情况

税收政策落实是税收政策动态运行中的重要环节,特别是近年来国务院对减税降费政策和个人所得税改革做出重要部署,加强小微企业普惠性税收减免程度,深化增值税改革和降低社会保险费率,对于疫情防控、防汛防灾等重点保障物资生产供应提出针对性优惠政策,最大限度发挥税收优惠对调结构、促转型、惠民生的激励作用。税收政策落实的具体工作流程是通过开展日常税政管理工作,收集纳税人投诉情况,依托征管系统分析抽取的征管信息等方式,获取税收政策执行不到位情况,提出整改、落实意见。该指标通过组织内部税务人员打分取均值进行衡量。

3. 信息化平台建设

随着互联网的高速发展，税收征管信息系统不断升级、流程不断优化，网上办税业务快速发展，税收业务越来越依赖信息化。中共中央办公厅、国务院办公厅《关于进一步深化税收征管改革的意见》明确要求全面推进税收征管数字化升级和智能化改造，充分运用大数据、云计算、人工智能、移动互联网等现代信息技术，实现税务执法、服务、监督与大数据智能化应用深度融合，稳步实施发票电子化改革，深化税收大数据共享应用，完善税收大数据安全治理体系。该指标通过中基层税务人员打分取均值进行衡量。

4. 税源监控管理水平

税源监控是指对税收工作进行溯源化管理，通过梳理、分析税收来源，实现税收最大化，主要包括以下三个方面：一是跟踪税源。此条要求对辖区内纳税额超万元的纳税户进行摸底排查，认真分析税收增减变化情况；加强对收入变化较大纳税户的调查研究，深入分析税收增长或下滑的原因，及时采取对策。二是专业化管理。此条要求对管辖的税源分行业、分规模实施专人管理，为重点税源户建立管理登记簿，记录其动态信息，定期进行分析对比，掌握税源变化趋势。三是税收政策引导。此条要求及时将有关税收政策进行公告；对重点税源户及新办户，由税收管理员送政策上门，切实发挥税收政策的引导作用，增强纳税户的政策意识。该指标通过邀请被管理单位打分取均值进行衡量。

5. 政务信息公开

政务信息公开＝按照上级最新版信息公开目录规范实际公开的政务信息/按照上级最新版信息公开目录规范应公开的政务信息×100％

政务信息公开是税务部门全面推进决策、执行、监管、服务和结果全过程公开，通过加强政策解读、回应社会热点问题、开放数据等保障人民的知情权、参与权、表达权和监督权，有助于提高政府公信力和执行力。政务信息公开的具体内容是对照上级最新版信息公开目录规范，进一步完善信息公开制度，明确公开事项、公开格式、公开时限、责任单位和具体责任人,及时制定、更新政务信息公开工作方案和公开目录,严格规范主动公开和依申请公开的范围、形式。

6. 行政复议应诉率

行政复议应诉率＝本年行政复议应诉量/本年行政复议总量×100%

税务行政复议是指纳税人对税务机关的具体行政行为有不同意见的,可以依法向复议机关提出异议。税务行政复议能够有效防止和纠正违法行为,保护纳税人的合法权益,监督税务机关合理行使职权。

1.6.6 学习与成长维度

从税务人员角度来看,为了提高税务人员的职业素养和工作能力,T市税务局征管部门建立良好的晋升机制和晋升平台,鼓励税务人员参加培训、考证和进修,有利于不断提高自身的业务水平和工作能力。

1. 岗位练兵考试成绩

为了支持、鼓励税务人员通过在职自主学习积累专业知识,提高个人综合素质,推进学习型机关建设,T市税务局积极推进岗位练兵考试,主要考评内容包括纳税服务、税收稽查、征收管理、出口退税、风险管理和纪检监察业务。各单位在岗位练兵考试中成绩排名靠前,说明税务人员业务知识水平较高。该指标通过单位在岗位练兵考试中成绩排名进行衡量。

2. 培训覆盖率

培训覆盖率＝受培训税务人员人数/税务人员总人数×100%

税务人员的综合素质和业务能力不仅体现在学习能力上,更体现在政治素养上,通过"学习强国"平台,将"三会一课"、主题党日、党建知识培训等紧密结合起来,组织全系统职工积极参与"学习平台"上的理论学习、视频观看、答题活动和专题考试,不断提高党员政治觉悟。

3. 税务人员满意度

税务人员满意度是指税务人员对所从事职业、工作条件与状况的整体感受,包括工作态度、情感归属、工作绩效和工作热情。影响税务人员满意度提高的因素有很多,主要包括合理的报酬体系、晋升机制,良好的工作环境和人际关系,等等。提高税务人员满意度有助于提高税务人员的工作积极性和工作效率,增强组织的凝聚力。该指标通过税务人员打分取均值进行衡量。

4. 调研成果创新

国家税务总局党委书记、局长王军多次在各工作会议、论坛上提及税务机关要不断创新。其中,他在 2015 年 1 月召开的全国税务工作会议上的讲话中提及创新近 40 次。这启示着税务人员树立创新意识,激发创新信念;从税务工作大局出发,通过实地调研,总结工作经验,走创新的税务工作道路。该指标通过实际创新数量进行衡量。

1.6.7 绩效战略与绩效指标体系的对应关系

T 市税务局征管部门的绩效战略与绩效指标是对应关系,现将对应关系列示,如表 2-1-10 所示。

表 2-1-10　T 市税务局征管部门绩效战略与绩效指标对应关系表

战略总目标	维度名称	战略目标	绩效指标名称
提供令人满意的纳税服务,优化组织管理方式,服务 T 市经济发展	财务维度	提高税收	税收增长率
			税收计划完成率
			税收经济分析
		加强欠款追缴	欠款追缴率
		降低行政成本	税收成本率
	纳税人维度	提高纳税人满意度	纳税人满意度
		提高纳税申报率	按期申报率
		提高税法遵从度	纳税人投诉率
		建立良好的征纳关系	税法宣传程度
	内部流程维度	落实税收政策	税收政策落实情况
		加强税源监控	税源监控管理水平
		强化组织建设	基层党组织建设
			信息化平台建设
		减少行政复议	政务信息公开
			行政复议应诉率

续表

战略总目标	维度名称	战略目标	绩效指标名称
提供令人满意的纳税服务，优化组织管理方式，服务T市经济发展	学习与成长维度	加大培训力度	税务人员满意度
			培训覆盖率
		鼓励岗位练兵	岗位练兵考试成绩
		调研成果创新	调研成果创新

1.7 基于平衡计分卡的T市税务局征管部门绩效指标权重设计

1.7.1 绩效指标权重设计方法

1. 德尔菲法

德尔菲法又称专家调查法，是一种通过匿名方式向专家反复征求意见，多次论证推算，寻找调查对象的特性和发展规律，并进行预测的方法，主要包括三个阶段：准备阶段、论证阶段和数据处理阶段。

（1）准备阶段。该阶段的主要工作是确定调查对象和调查目的，成立预测调查组，分析各位专家的特长和背景，寻找经验丰富、分析预测能力较强的专业人士设计调查表。

（2）论证阶段。该阶段的主要工作是预测调查组向专家提出所要预测的问题及有关要求，并且附上调查对象的背景资料，组织专家书面填写第一轮调查表。专家之间互不联系，独立发表见解，围绕调查主题进行"头脑风暴"，提出预测意见。根据回收的第一轮调查表，进行归纳和总结，以此为依据制作第二轮调查表并发给各位专家，得到专家的反馈后再进行归纳和总结，如此反复三轮。

（3）数据处理阶段。根据前三轮的专家意见，进行汇总分析，最后得出一个最优方案。

2. 层次分析法

层次分析法（Analytic Hierarchy Process，AHP）是指将复杂的决策问题由定性问题转化为定量问题，对各因素赋予权重，通过分析判断矩阵特征向量，得出最优方案，从而使决策过程科学化、数学化。它是一种层次权重决策分析方法,是20世纪70年代美国匹兹堡大学教授托马斯·L.萨蒂(Thomas L. Saaty)在为美国国防部研究"根据各个工业部门对国家福利的贡献大小而进行电力分配"课题时提出的。层次分析法的主要内容包括以下几个方面。

首先,建立层次结构模型。根据T市税务局征管部门的战略目标,结合平衡计分卡的四个维度,分析业绩驱动因素,分解战略目标。本书按照德尔菲法设计调查问卷,组建专家咨询团,请他们根据自身工作经验和专业知识提出四个维度绩效指标的内容,判断指标的相对重要性,建立二级绩效指标。

其次,建立判断矩阵。判断矩阵就是将两个不同指标进行对比,并通过1—9标度法衡量指标的相对重要性。例如,a_{ij}表示第i个元素相对于第j个元素的重要性。判断矩阵性质如下:$a_{ij}=1/a_{ji}$。1—9标度法的标度含义如表2-1-11所示。本书依据对T市税务局征管部门绩效指标重要性的问卷调查结果,建立判断矩阵。

最后,进行一致性检验。判断指标相对重要性的过程偏于主观化,为了防止出现A>B且B>C,但C>A等常识性错误,需要对矩阵进行一致性检验。在现实决策中,没有绝对的一致性,只能把一致性的误差控制在一定范围内。一致性指标CI的计算公式如下:

$$CI = \frac{\lambda_{\max} - n}{n - 1} \quad (\lambda\text{是矩阵的最大特征根},n\text{是矩阵阶数})$$

$CI=0$,说明具有完全的一致性;CI接近于0,说明具有令人满意的一致性;CI越大,不一致性越严重。

表 2-1-11　1—9标度法标度含义表

序号	标度(a_{ij})	元素i与元素j的重要程度对比
1	1	表示元素i和元素j同等重要
2	3	表示元素i比元素j稍微重要
3	5	表示元素i比元素j明显重要
4	7	表示元素i比元素j强烈重要
5	9	表示元素i比元素j极端重要

续表

序号	标度（a_{ij}）	元素i与元素j的重要程度对比
6	2，4，6，8	表示元素i与元素j的重要性对比是上述两相邻判断的中值
7	1/3	表示元素i比元素j稍微不重要
8	1/5	表示元素i比元素j明显不重要
9	1/7	表示元素i比元素j强烈不重要
10	1/9	表示元素i比元素j极端不重要
11	1/2，1/4，1/6	表示元素i与元素j的重要性对比是上述两相邻判断的中值

为了衡量 CI 的大小，引入随机一致性指标 RI。RI 的计算原理是随机构造 100 个判断矩阵，可得到 100 个一致性指标：CI_1，CI_2，…，CI_{100}。RI 的计算公式如下：

$$RI = \frac{CI_1 + CI_2 + \cdots + CI_{100}}{100}$$

随机一致性指标 RI 标准值如表 2-1-12 所示。

表 2-1-12　随机一致性指标 RI 标准值

矩阵阶数（n）	1	2	3	4	5	6	7	8	9	10	11
RI	0	0	0.52	0.89	1.12	1.26	1.36	1.41	1.46	1.49	1.52

考虑到一致性的偏离可能是由随机原因造成的，因此在检验判断矩阵是否具有令人满意的一致性时，还需将 CI 和 RI 进行比较，得出检验系数 CR。当 CR<0.1 时，认为判断矩阵的不一致程度在容许范围内，通过一致性检验。实际计算过程过于复杂，可借助 MATLAB 软件进行。

CR 的计算公式如下：

$$CR = \frac{CI}{RI}$$

1.7.2　绩效指标权重设计步骤

1. 设计调查问卷

为了合理设计绩效指标权重，案例研究人员邀请了 T 市税务局 3 位岗位能手、1 位经验丰富的老税务人员、1 位党委委员及 2 位教授和 3

位省局岗位能手参与研究。10位专家根据自己多年工作经验或者学术理论，基于平衡计分卡理论，设计绩效指标的内容，由案例研究人员汇集大家的意见和想法，并反馈给10位专家，然后进行第二轮研究，通过多次反复论证，最后10位专家得出一致的绩效指标内容，并将绩效指标内容设计成调查问卷，运用1—9标度法对四个维度绩效指标的重要性进行评价。调查问卷的内容见附录二。

2. 构建层次结构模型

根据前面所设置的四个维度绩效指标体系，构建层次结构模型，以T市税务局战略总目标为目标层（A），以财务维度（B1）、纳税人维度（B2）、内部流程维度（B3）和学习与成长维度（B4）为准则层（B），将绩效指标体系中的一级指标记为 C_i（$i=1, 2, 3, \cdots, 19$）。层次结构模型的详细情况如表2-1-13所示。

表2-1-13　层次结构模型

目标层（A）	准则层（B）	指标层（C）
提供令人满意的纳税服务，优化组织管理方式，服务T市经济发展	财务维度（B1）	税收增长率（C1）
		税收计划完成率（C2）
		欠款追缴率（C3）
		税收经济分析（C4）
		税收成本率（C5）
	纳税人维度（B2）	纳税人满意度（C6）
		纳税人投诉率（C7）
		按期申报率（C8）
		税法宣传程度（C9）
	内部流程维度（B3）	基层党组织建设（C10）
		税收政策落实情况（C11）
		信息化平台建设（C12）
		税源监控管理水平（C13）
		政务信息公开（C14）
		行政复议应诉率（C15）

续表

目标层（A）	准则层（B）	指标层（C）
提供令人满意的纳税服务，优化组织管理方式，服务T市经济发展	学习与成长维度（B4）	岗位练兵考试成绩（C16）
		培训覆盖率（C17）
		税务人员满意度（C18）
		调研成果创新（C19）

3. 建立判断矩阵

在回收的10位专家填写的T市税务局征管部门绩效指标重要性调查问卷中选取一份，建立判断矩阵。

首先，建立目标层—准则层的判断矩阵，如表2-1-14所示。

表2-1-14 目标层—准则层判断矩阵表

四个维度	财务维度	纳税人维度	内部流程维度	学习与成长维度
财务维度	1	1/2	2	3
纳税人维度	2	1	4	6
内部流程维度	1/2	1/4	1	2
学习与成长维度	1/3	1/6	4	1

可得到矩阵 A：

$$A = \begin{bmatrix} 1 & 1/2 & 2 & 3 \\ 2 & 1 & 4 & 6 \\ 1/2 & 1/4 & 1 & 2 \\ 1/3 & 1/6 & 4 & 1 \end{bmatrix}$$

将矩阵 A 的列向量归一化得到矩阵 A_1：

$$A_1 = \begin{bmatrix} 0.260\,9 & 0.260\,9 & 0.181\,8 & 0.250\,0 \\ 0.521\,7 & 0.521\,7 & 0.363\,6 & 0.500\,0 \\ 0.130\,4 & 0.130\,4 & 0.090\,9 & 0.166\,7 \\ 0.087\,0 & 0.087\,0 & 0.363\,6 & 0.083\,3 \end{bmatrix}$$

将矩阵 A_1 求和，再归一化，得到矩阵 W：

$$W = \begin{bmatrix} 0.238\ 5 \\ 0.476\ 9 \\ 0.129\ 6 \\ 0.155\ 3 \end{bmatrix}$$

再根据 $AW=\lambda W$，求得 $\lambda_{\max}=4.218\ 3$，再根据 CR 计算公式，得出 $CR=0.081\ 8<0.1$，通过一致性检验。四个维度（B）对于战略总目标（A）的权重依次为 $W=[0.255\ 0\ \ 0.510\ 1\ \ 0.138\ 9\ \ 0.096\ 0]$。然后，建立准则层—指标层判断矩阵，详情如表 2-1-15 至表 2-1-18 所示。

表 2-1-15 财务维度指标判断矩阵表

财务维度	税收增长率	税收计划完成率	欠款追缴率	税收经济分析	税收成本率	权重	一致性检验
税收增长率	1	3	7	5	6	0.521 4	$\lambda=5.434\ 8$
税收计划完成率	1/3	1	2	3	4	0.205 0	—
欠款追缴率	1/7	1/2	1	4	2	0.138 2	$CI=0.108\ 7$
税收经济分析	1/5	1/3	1/4	1	2	0.082 5	
税收成本率	1/6	1/4	1/2	1/3	1	0.052 9	$CR=0.097\ 1<0.1$

表 2-1-16 纳税人维度指标判断矩阵表

纳税人维度	纳税人满意度	纳税人投诉率	按期申报率	税法宣传程度	权重	一致性检验
纳税人满意度	1	5	3	2	0.477 3	$\lambda=4.021\ 1$
纳税人投诉率	1/5	1	1/2	1/4	0.080 9	$CI=0.007\ 0$
按期申报率	1/3	2	1	1/2	0.153 9	$CR=0.007\ 9<0.1$
税法宣传程度	1/2	4	2	1	0.288 0	—

表 2-1-17　内部流程维度指标判断矩阵表

内部流程维度	基层党组织建设	税收政策落实情况	信息化平台建设	税源监控管理水平	政务信息公开	行政复议应诉率	权重	一致性检验
基层党组织建设	1	3	2	3	6	4	0.369 9	$\lambda=6.321\ 2$
税收政策落实情况	1/3	1	1/2	1	2	2	0.129 2	—
信息化平台建设	1/2	2	1	2	3	2	0.205 4	$CI=0.064\ 2$
税源监控管理水平	1/3	1	1/2	1	2	2	0.129 2	—
政务信息公开	1/6	1/2	1/3	1/2	1	1/2	0.058 8	$CR=0.047\ 2<0.1$
行政复议应诉率	1/4	1	1/2	1	2	1	0.107 4	—

表 2-1-18　学习与成长维度指标判断矩阵表

学习与成长维度	岗位练兵考试成绩	培训覆盖率	税务人员满意度	调研成果创新	权重	一致性检验
岗位练兵考试成绩	1	1/4	1/2	5	0.153 8	$\lambda=4.071\ 4$
培训覆盖率	4	1	2	9	0.509 1	$CI=0.023\ 8$
税务人员满意度	2	1/2	1	9	0.297 9	—
调研成果创新	1/5	1/9	1/9	1	0.039 2	$CR=0.026\ 7<0.1$

将上述计算结果汇总起来，根据二级指标对于战略总目标的权重＝准则层对战略总目标的权重×指标层对准则层的权重，计算得出指标层的总权重。具体数据如表 2-1-19 所示。

表 2-1-19 T 市税务局征管部门绩效指标权重汇总表

目标层（A）	准则层（B）	权重	指标层（C）	权重	总权重
提供令人满意的纳税服务，优化组织管理方式，服务T市经济发展	财务维度（B1）	25.50%	税收增长率（C1）	52.14%	13.30%
			税收计划完成率（C2）	20.50%	5.23%
			欠款追缴率（C3）	13.82%	3.52%
			税收经济分析（C4）	8.25%	2.10%
			税收成本率（C5）	5.29%	1.35%
	纳税人维度（B2）	51.01%	纳税人满意度（C6）	47.73%	24.35%
			纳税人投诉率（C7）	8.09%	4.13%
			按期申报率（C8）	15.39%	7.85%
			税法宣传程度（C9）	28.80%	14.69%
	内部流程维度（B3）	13.89%	基层党组织建设（C10）	36.99%	5.14%
			税收政策落实情况（C11）	12.92%	1.79%
			信息化平台建设（C12）	20.54%	2.85%
			税源监控管理水平（C13）	12.92%	1.79%
			政务信息公开（C14）	5.88%	0.82%
			行政复议应诉率（C15）	10.74%	1.49%
	学习与成长维度（B4）	9.60%	岗位练兵考试成绩（C16）	15.38%	1.48%
			培训覆盖率（C17）	50.91%	4.89%
			干部满意度（C18）	29.79%	2.86%
			调研成果创新（C19）	3.92%	0.37%

上述判断矩阵只是根据一位专家的意见计算得出的结果，接下来对另外 9 位专家的意见逐一进行计算，由于计算过程与上述过程相同，在此不再一一赘述，最后将各位专家的意见和权重结果综合起来进行判断。

1.8 新旧绩效评价体系对比分析

为了体现新旧绩效评价体系的区别，下面将新旧绩效评价体系进行对比，分析新绩效评价体系的适用性和优越性。

1.8.1 旧绩效评价体系分析

T市税务局征管部门对税务人员年度绩效的考评分为两个层面：一是数字人事考核，将税务人员考核成绩分为"好""较好""一般""差"四个等次，"好"等次的人数不超过当期考评总人数的50%。数字人事考评成绩不与奖金直接挂钩，而是作为评先评优、职级晋升、人才选拔的限制条件。二是公务员考评，将税务人员考评成绩分为"优秀""称职""基本称职""不称职"四个等次，"优秀"等次的人数不超过公务员总人数的10%，公务员考评成绩与奖金直接挂钩，因此要求优秀公务员在公务员考评中成绩为"优秀"等次。

由于数字人事考评内容过于复杂，无法在本书中详细说明，因此选取公务员年度绩效评价体系与新绩效评价体系做对比。T市税务局征管部门税务人员年度绩效评价表（旧）如表2-1-20所示。

表2-1-20 T市税务局征管部门税务人员年度绩效评价表（旧）

总体评价	优秀				
	称职				
	基本称职				
	不称职				

测评指标	指标内容	评价意见				测评说明
		好	较好	一般	差	
政治品质	自觉学习党的纲领，发扬斗争精神，遵守政治纪律和政治规矩，政治方向正确，维护党的章程，以习近平总书记重要讲话精神为学习要领					1. 请参加测评的同志以高度负责的态度，独立思考，认真填写，公正、客观地进行测评 2. 请在对应的空格中分别打"√" 3. 本表不得用铅笔填写，不应有漏项
道德品行	具有良好的个人品德、社会公德、职业道德、家庭美德，在社会生活工作中，带头践行社会主义核心价值观					
改革创新	在丰富专业基础上，发扬创新精神，努力培养创新思维，在干事创业中，发挥自身优势					
依法行政	树立现代法治理念，严格遵守法律法规，熟悉税收执法程序和内容，坚持运用法治思维和法治方法开展工作，不断规范行政行为					

续表

测评指标	指标内容	评价意见				测评说明
		好	较好	一般	差	
服务群众	宗旨意识和群众工作能力强,积极践行党的群众路线,履行岗位责任和社会责任,主动帮助群众和纳税人办实事、解难事					1. 请参加测评的同志以高度负责的态度,独立思考,认真填写,公正、客观地进行测评 2. 请在对应的空格中分别打"√" 3. 本表不得用铅笔填写,不应有漏项
担当作为	工作敢于负责,做到能担当、敢担当、善担当,工作成效显著,应急处突能力强,能承担急难险重任务、处理复杂问题、应对重大考验					
能力水平	具备本职工作所需的基本技能,在实际工作中不断提升自己的能力,加强综合素养,在困难问题中,磨炼品质					
勤勉敬业	按时上班,不迟到、不早退,具有积极的工作态度和事业心,精神饱满,工作踏实,务实尽责					
廉洁从政	严以修身,廉洁自律,自觉落实中央八项规定及其实施细则精神,无违法违纪现象					

从上述绩效评价表可以看出,从"德、能、勤、绩、廉"五个方面制定出十个绩效指标,"德"包括政治品质和道德品行两个指标,"能"包括改革创新、依法行政、服务群众、担当作为和能力水平五个指标,"勤"的绩效指标是勤勉敬业,"廉"指廉洁从政。从考评内容来看,绩效指标颗粒度很大,考评标准比较宏观,考评内容比较单一,不能全面反映税务人员真实表现情况;从考评流程来看,考评指标部分较模糊,有"暗箱操作"风险,90%的税务人员考评结果是"称职",公务员绩效考评流程普遍存在"走过场"现象,没有任何激励性。

1.8.2 新绩效评价体系分析

本书从平衡计分卡四个维度设计出T市税务局绩效评价表,从以下几个方面分析新绩效指标优势。

从指标内容来看,新绩效评价体系强调财务指标,以税收增长率、欠款追缴率和税收经济分析等为考评指标，旨在突出税务人员税收征收情况，而旧绩效评价体系中无财务指标，一直存在"吃大锅饭"现象；新绩效评价体系强调提高纳税服务质量，以纳税人满意度、纳税人投诉率和按期申报率等为考评指标，提高纳税服务水平，增强税法遵从度，构建和谐征纳关系，而旧绩效评价体系将"服务群众"作为纳税服务质量考评指标，且没有详细量化指标或定性指标，导致考评没有体现差异性；新绩效评价体系强调优化内部流程，以税收政策落实情况、行政复议应诉率等为考评指标，突出提高税收征管水平，降低税收执法风险，而旧绩效评价体系中只有"依法行政"指标，考评内容不够全面；新绩效评价体系强调税务人员培养和满意度，以税务人员满意度和培训覆盖率等为考评指标，鼓励税务人员学习，提高业务能力，提高工作积极性，而旧绩效评价体系中只有"勤勉敬业"指标，没有激励效果。由此可见，新绩效评价体系比旧绩效评价体系更全面，更科学，更具有激励性。

从指标权重来看，旧绩效评价体系没有设计指标权重，而新绩效评价体系运用层次分析法合理计算指标权重。层次分析法是把定性分析和定量分析有机结合起来的工具，将人们的思维过程数字化和系统化，把复杂系统分解为多层次单目标，通过将两个指标互相比较，进行矩阵向量运算，获得较为科学的指标权重。

1.9 完善T市税务局征管部门绩效评价体系的措施

前文叙述了T市税务局征管部门绩效管理中存在的问题，主要包括绩效战略对绩效指标的指导性不强、忽视非财务指标的重要性、绩效指标体系缺乏系统性、忽视绩效过程管理、绩效考评方法不完善、绩效考评结果运用不合理。针对上述问题，下面对完善T市税务局征管部门绩效评价体系提出相关措施。

1.9.1 完善绩效指标体系，重视非财务指标

首先，建立衡量战略目标实现情况的绩效指标体系，根据四个维度战略目标，分解绩效指标。对于财务维度，为衡量保持税收增长战略目标的实现情况，设置税收增长率、税收计划完成率、欠款追缴率和税收

经济分析四个绩效指标；为衡量控制税收成本战略目标的实现情况，设置税收成本率绩效指标。对于纳税人维度，为衡量提高纳税服务质量战略目标的实现情况，设置纳税人满意度、纳税人投诉率、按期申报率和税法宣传程度四个绩效指标，保证与纳税人建立良好的征纳关系。对于内部流程维度，为衡量提高税收质量管理水平战略目标的实现情况，设置税收政策落实情况和税源监控管理水平两个绩效指标，鼓励税务人员发挥业务专长，做好税收工作；为衡量抓好组织建设战略目标的实现情况，设置基层党组织建设绩效指标，以党章要求税务人员遵守党的六大纪律，抓好党组织建设；为衡量降低内部行政出错程度和战略目标的实现情况，设置行政复议应诉率绩效指标。对于学习与成长维度，为衡量提高税务人员业务能力战略目标的实现情况，设置培训覆盖率和岗位练兵考试成绩两个绩效指标，检测对员工培训程度和员工学习成果；为衡量提高税务人员创新能力战略目标的实现情况，设置调研成果创新绩效指标，鼓励税务人员参加实践调研，为税务发展建言献策；为衡量与员工保持良好关系战略目标的实现情况，设置税务人员满意度绩效指标。综上所述，要将绩效指标与战略目标一一对应，保证战略目标对绩效指标的指导性，重视非财务指标的制定和考评，同时保证四个绩效指标维度之间系统性更强。

其次，建立目标值和考评标准。目标值代表绩效指标的期望值。绩效指标分为定量指标和定性指标，定量指标的目标值一般为数值，如税收增长率等；定性指标属于非财务指标，非财务指标的目标值一般需要第三方机构评估或者领导打分，确保考评结果相对公平、公正，因此绩效指标目标值的合理程度决定着战略目标能否实现。同时，要制定考评标准，主要内容包括考评方式、考评流程、考评周期、责任人和任务分配等。

1.9.2 加强绩效过程管理，软硬件相结合

1. 建立绩效管理组织架构及专家队伍

首先，由党委书记、党委委员和各征管部门负责人组成绩效管理领导小组，负责采集绩效数据、提醒和监督绩效工作，运用绩效结果的市考评办设置在人事科，每个征管部门设置一名绩效联络员负责绩效联络

工作。绩效管理领导小组主要负责拟订本单位绩效管理总体计划，制定绩效评价体系和绩效评价方案，审核、调整各征管部门的年度绩效目标，监督、指导和管理日常绩效工作。

其次，随着政府职能转变的加快与政府机构精简工作的推进，税务部门可以引入第三方机构协助绩效管理工作，保证绩效管理工作的独立性、专业性和权威性。T市税务局征管部门可以引入第三方评估机构，重点承担绩效目标测评、纳税人满意度和税务人员满意度测评等工作，年末形成绩效评价分析报告，帮助查找问题，及时整改。同时，T市税务局征管部门可以从国内外著名高等院校、研究机构等邀请专家、学者，组建一支专业理论素养高、绩效管理经验丰富的绩效评价专家队伍，为绩效评价工作提供建设性意见。

2. 完善绩效考评信息化平台

随着现代信息技术的高速发展，我国政府部门积极拓展互联网应用范围，把握发展机遇。T市税务局征管部门可以将平衡计分卡绩效管理与互联网充分结合，通过完善平衡计分卡网上考评平台，让每一位税务人员清晰掌握各自的考评目标、考评节点和考评流程。T市税务局征管部门可以从以下两个方面着手。

一是实施绩效考评过程监控。绩效考评是一个动态、持续的过程，T市税务局征管部门现行绩效管理信息系统只有对考评结果打分和申报加减分事项两项功能，忽视对绩效管理过程的监控。在运用平衡计分卡实施绩效评价时，T市税务局征管部门可以在绩效管理信息系统中添加考评节点提醒功能、实时查询计分功能和定期通报功能。考评节点提醒功能有助于预防被考评者遗忘重要考评节点，降低考评错误率；实时查询计分功能有助于被考评者及时获取绩效管理信息系统中的数据，掌握指标完成度，减轻考评者的工作负担；定期通报功能有助于被考评者及时发现工作中的问题，并改正问题。

二是开发平衡计分卡的动态化考评反馈平台。为了使绩效指标更贴合实际工作，平衡计分卡绩效评价体系是随着环境的改变而动态变化的。绩效联络员负责填报绩效考评信息，确保及时填报考评指标；考评者对被考评者报送的指标进行考评，及时发布考评结果，推送绩效管理运行报告，针对反馈的问题，被考评者及时落实整改。T 市税务局征管部门绩效反馈渠道目前只有面对面交流的方式，这造成沟通渠道不畅、沟通滞后等问题，建议 T 市税务局征管部门在绩效管理信息系统中添加反馈功能，以便于及时反馈问题。

3. 加强培训

在运用平衡计分卡进行绩效管理的初期，可能会遇到各种问题，如税务人员对平衡计分卡的理解不透彻，有排斥情绪；战略制定得不够合理；绩效指标和考评流程有待优化；实际操作性不强；等等。因此，T 市税务局要强化系统内部上下级、同级之间的沟通和对税务人员的培训。主要负责实施考评的人事科和办公室共同组织培训活动，制订培训计划，设计培训宣传册，向每一位税务人员传达平衡计分卡的战略目标、指标和目标值。人事科和办公室要定期公布平衡计分卡考评节点和考评成绩，以便大家及时调整、不断进取。T 市税务局网站上要公布平衡计分卡考评方案和组织方式，表扬先进集体和先进个人，鼓励大家建言献策，提高工作积极性。同时，由于战略目标未能实现的绝大部分原因是指标不可量化、不可评估，人事科和办公室要针对平衡计分卡实施过程中的重点和难点组织税务人员进行重点培训，特别是要让税务人员了解清楚战略目标与绩效指标之间的关系，同时保证每个绩效指标可理解、可操作。

4. 严格执行考评流程

平衡计分卡指标制定很重要，但执行绩效考评更重要。在指标编制基础上，绩效管理领导小组要狠抓考评，强化考评的刚性，对被考评者一视同仁，做到公平、公正；要压实领导责任，严格对标对表考评指标，及时完成考评任务，切实将各项工作落实落细，分析前后绩效变化，找出绩效扣分的原因，提出改进措施，推动工作提质增效；要加强监督指导，建立指标任务执行监控机制，根据指标设置的时间节点，强化过程管理，及时提醒并预警风险问题。在执行过程中，绩效管理领导小组要注重绩效考评实际效果，按照科学、务实、客观的原则，及时调整考评依据和考评方式，克服"痕迹主义"。

1.9.3 加强绩效反馈，强化绩效结果运用

1. 反馈绩效报告

绩效评价结束后，各征管部门形成绩效报告，绩效管理领导小组通过分析绩效报告，及时将考评分析结果以会议、座谈会和书面报告等形式进行反馈，形成双向互动，实现充分沟通，为改进绩效工作打下坚实的基础。年度绩效考核结束后，绩效管理领导小组及时召开讲评会，对上一年度的综合考评情况进行通报和讲评，并对下一年度绩效工作提出要求和建议。讲评会的主要内容是回顾、总结上一年度考评工作，指出成绩和不足，并分析原因，宣布综合考评结果，邀请参评代表上台交流发言。

同时，绩效管理领导小组需要深入基层，与基层税务人员面对面沟通。走访对象通常是绩效考评特别优秀或排名靠后的部门或人员。在走访中，领导要仔细分析绩效考评的经验，思考推广的可能性，对考评过程中的突出矛盾和问题进行详细解释和分析，开展谈话提醒等。通过面对面沟通，绩效管理领导小组可以全面分析绩效考评得失，查找工作中的短板，发挥优势。

2. 公开考评结果

将绩效评价和反馈结果公开，有利于提高绩效考评透明度，做到赏罚分明，有助于激励税务人员奋发有为、积极进取，形成"比学赶超"的竞争氛围，有助于优化绩效评价体系的运行。考评结果公开要做到同时对内部和外部公开，可以对纳税人维度和内部流程维度起到促进作用。

内部公开是指将绩效考评结果对被考评者本人公开，包括名次、得分详情、扣分项目和原因等，个人可以以此改进下一年绩效。同时，向全部税务人员公开各部门绩效成绩排名，肯定表现良好的单位，增强其荣誉感和责任感，同时警示绩效成绩排名靠后的单位，促使其积极整改。

外部公开是指将绩效成绩向社会公开，主动接受社会监督，这有助于提高税务部门工作透明度，增强税务部门公信力，推进税务部门创新，提高纳税服务质量。

3. 加强考评结果运用

为了充分发挥考评的激励鞭策作用，可以将平衡计分卡与奖励制度挂钩，强化考评结果在干部任用、年度考评、评先评优等方面的运用，树立正面导向，提高绩效管理效率，促进上级各项部署和税务工作落实落细。在运用平衡计分卡考评结果时，要做到以下三个方面。

第一，要结合上级税务局发布的绩效管理办法等规定，制定平衡计分卡考评结果运用制度，明确组织绩效考评结果的运用方式，并细化到干部提拔任用、年终奖励、评先评优等方面。

第二，要加强部门协作，避免过度竞争导致的内部矛盾。

第三，严格兑现奖惩。严格将组织绩效考评成绩运用到职级晋升、优秀公务员和优秀党员评选、目标奖金等方面，避免形式主义和裙带关系。对于绩效考评排名靠后的税务人员，给予当年不能评选优秀公务员等惩罚。

案例 2　基于平衡计分卡的 L 镇为民服务中心聘用人员绩效评价优化研究

2.1　研究背景

随着我国经济社会的跨越式发展，服务和绩效理念始终贯穿行政管理体制改革、完善的全过程，服务型政府建设面临着更高、更细的要求。为民服务中心作为政府提供服务的"桥头堡"，是服务型政府建设成效对外展示最重要、最直观的部分，其窗口工作人员的服务质量直接关系着人民群众对政府服务的评价。受制于基层有限的编制名额，政府部门中的编制外聘用人员成为处理政府事务主力军中不可或缺的一部分，尤其是在为民服务中心这一窗口型服务机构中，编制外聘用人员占比相对较高。一方面，这些编制外聘用人员在协助提供优质的政务服务过程中发挥了积极的作用，有效缓解了正式编制不足带来的人手紧张状况；另一方面，编制外聘用人员的招录流程相对简单，对其工作的日常监督和绩效评价也较为宽松，且编制外聘用人员的工资福利待遇、职业规划与编内人员相比有较大差距。由于为民服务中心窗口岗位处于为群众提供服务的第一线，工作纪律严格、工作环境严苛、工作任务繁重等问题使得工作人员承受着与自身待遇不匹配的工作压力，导致工作人员有时会出现工作效率低下、工作责任心缺失等问题，这对政府的声誉造成了一定不利影响。因此，为民服务中心及类似的政府部门需要创新绩效评价机制，以更好地为老百姓服务。

2.2　L 镇为民服务中心概况

2.2.1　L 镇概况

L 镇位于 C 市 X 区西南部，有得天独厚的区位优势，镇内有机场，多条高速公路纵横交错，穿镇而过，交通十分便捷。截至 2021 年上半年，镇域面积为 53.51 平方千米，户籍人口为 4.5 万人，常住人口为 6.5 万人，下辖 6 个行政村和 6 个社区。L 镇产业特色突出，实行"园镇合一"的管理体制，新能源汽车及其核心零部件、智能装备制造、现代物流产业方兴未艾，是 C 市建设工业明星城市的重要贡献者。自 2014 年以来，L 镇共引进各类产业项目超 70 个，其中超 100 亿元项目 1 个、超 50 亿元项目 3 个。L 镇经济实力较强，2021 年年末实现地区生产总值 123 亿元，一般公共预算收入 8.45 亿元。

2.2.2 L 镇为民服务中心概况

为民服务中心又称党群服务中心、政务服务中心、行政服务中心，是人民政府的派出机构，主要为辖区内企业和居民提供"一站式"政务服务。为了提供更好的便民服务，营造良好的营商环境，L 镇为民服务中心于 2018 年投入使用，是 L 镇行政审批局在原有的劳动监察、民政、残联、社保、医保、计生、退役军人、城建等窗口基础上，引入垂直管理部门窗口，整合形成的包含多个综合窗口和 1 个出证窗口及实现"一窗办多事"的窗口单位。除了上述业务外，L 镇为民服务中心成功引进了老年证、市民卡和单位公积金办理业务，是 X 区西部乡镇范围内首个老年证办理点。目前，L 镇为民服务中心承接了从档案局、公安局、人社局等 11 个区级单位下放的 150 余项"家门口办实事"服务事项，服务内容涵盖户籍业务、城乡居民基本养老保险相关业务、社会保障卡相关业务、失业登记、个体工商户登记及备案、驾驶证补发等诸多方面。自 2021 年以来，L 镇为民服务中心积极探索将业务办理中涉及多个部门联办的事项从多窗口"并联"式办理转向一窗口"串联"式办理，大力推进审批服务流程中各环节申办材料共享，推行将相关的单项业务整合设计成企业事项套餐、开店套餐、残疾人套餐、退休套餐和人生终点套餐等帮助居民"一步到位"的"套餐式"服务，树立了"快、简、便、优"的基层政务服务形象。

2.3 L 镇为民服务中心聘用人员绩效评价现状分析

聘用人员又称临聘人员或编外人员，在中国一般特指行政机关和事业单位编制外的社会化用工，通过劳动合同规范劳动关系。在 L 镇为民服务中心，聘用人员与中心用人单位直接签订劳动合同，受《中华人民共和国劳动法》约束，但是不占用本单位的行政或事业编制，且由财政拨款支付其工资福利。虽然这些聘用人员的工作内容、工作环境等与同单位的编内人员没有明显的不同，但由于编制性质的差异，二者的薪酬待遇、福利保障、晋升机制存在较大差距。

2.3.1 L镇为民服务中心聘用人员结构分析

L镇为民服务中心截至2021年上半年共有聘用人员40人。从性别上看，男性16人，占聘用人员总数的40.0%；女性24人，占聘用人员总数的60.0%，女性人数为男性人数的1.5倍。从年龄上看，20—29岁5人，占12.5%；30—39岁14人，占35%；40—49岁12人，占30%；50—59岁9人，占22.5%。从学历上看，本科及以上学历17人，占42.5%；大专学历12人，占30%；高中及以下学历11人，占27.5%。另外，有37人为C市户籍。从上述分析可以看出，L镇为民服务中心聘用人员年龄分布跨度较大，主要集中在30—49岁，但"80后""90后"的人数总和与"60后""70后"的人数总和相近。一方面，本地老员工占比较高意味着大部分聘用人员具有丰富的基层工作经验，能够熟练应对基层群众的各种需求，也具有较强的应变能力，但是也存在信息系统使用不熟练、适应新政策新要求所需的时间较长等问题，而且由于学历普遍不高，他们的学习积极性不高；另一方面，新员工适应性较强，在当前信息化程度较高的社会环境下，能够不断学习、不断创新，在熟练掌握基本业务技能的基础上，进一步掌握"套餐式"服务的办理，偶尔也会有一些自发的创新服务举措，但是也存在对基层突发情况的应对能力不足、处理效果不佳等问题。

2.3.2 L镇为民服务中心聘用人员考绩效管理方法和程序分析

L镇为民服务中心对聘用人员的绩效评价分为月度绩效评价和年终绩效评价两部分，但二者并无直接联系。月度绩效评价主要通过具体的指标来确认每月聘用人员的实际操作情况，绩效评价结果与每月工资挂钩，但对工资的影响不大；年终绩效评价时并不会将月度绩效评价结果汇总，而是通过对一整年的整体工作情况进行打分，结合部门负责人和分管领导的日常观察确定最终绩效评价等次，绩效评价结果与年度绩效工资挂钩，对收入影响较大。

1. 月度绩效评价

为了保证中心正常运作，提高服务水平，L镇为民服务中心制定了工作人员月度绩效评价制度，实行较为严格的绩效评价评分标准，通过18条具体的评分细则对工作人员形成约束。绩效评价细则涉及岗位纪律、行为规范、参与活动、业务水平、标准化服务、工作量和工作服务效能七大方面，基本涵盖了L镇为民服务中心工作人员的工作内容。具体评分细则如表2-2-1所示。

表2-2-1　L镇为民服务中心工作人员月度绩效评价评分细则

绩效评价项目及分值	绩效评价内容及评分细则
岗位纪律（10分）	① 非工作原因，未按考勤制度履行请假手续擅自离岗、空岗超半小时的，每次扣2分 ② 无故迟到或早退（含中午提前就餐），累计3次，当月绩效评价奖取消 ③ 每月病事假超过2天，当月绩效评价奖基数减半；病事假超过5天，当月绩效评价奖取消
行为规范（20分）	① 文明服务：工作中不使用文明用语，经查实，每次扣1分；服务时用忌语，经查实，每次扣2分；接待服务对象不热情、不耐心、态度生硬的，每次扣1分；不理睬、不答复的，每次扣2分；与服务对象发生争吵的，经查实，每次扣5分；其他不文明服务行为，每次扣1～5分 ② 规范服务：上班期间不按规定着装、不佩戴工作胸牌、离开岗位去向告知不到位的，每次扣0.5分；工作期间在大厅喧哗、串岗聊天、嬉闹、吸烟、吃零食、打瞌睡、看小说、做与工作无关的事情，每次扣1分；未按大厅手机使用规定玩手机、玩游戏、私人聊天等，每次扣1分；个人办公台及周边物品、资料不按规定摆放或摆放不整齐，卫生工作不到位的，每次扣1～2分；未按计算机设备日常维护要求，工作结束后不切断办公设备电源等，大厅包干事项没有到位的，每次扣1分；不经批准擅自使用大功率电器的，每次扣2分，造成严重后果的，取消当月绩效评价奖；其他不规范行为，每次扣0.5～2分
参与活动（5分）	① 无故不参加为民服务中心组织的各类会议、学习、培训等，未履行请假手续的，每次扣1分 ② 无故不接受或不按时完成为民服务中心布置交办的工作任务的，每次扣2分；无故延误和后台工作联络的，每次扣2分

续表

绩效评价项目及分值	绩效评价内容及评分细则
业务水平 （40分）	窗口工作人员应按照业务操作规程等相关规定办理行政审批服务事项 ① 法律法规执行不当，每次扣 2 分 ② 窗口工作人员没有法定依据，擅自设立行政审批事项前置性条件的，有一例扣 5 分 ③ 未按行政许可案卷归档要求实行一案一卷、一卷一号等要求的，每件扣 1 分 ④ 因不熟悉业务，未能及时准确解答服务对象的咨询且受到投诉的，经查实，每次扣 5 分
标准化服务 （10分）	① 未按管理标准化、服务标准化要求实行首问负责、书面一次性告知到位等窗口标准化服务且受到投诉的，经查实，每次扣 5 分 ② 未按业务标准化要求，对审批服务项目名称、办事指南、办理流程、申报材料、网上办理地址、填报样本、审批权限、承诺时限等事项调整不及时或变更事项前未报告管理人员的，每件次扣 2 分 ③ 未按标准化建设其他要求服务且受到投诉的，经查实，每次扣 5 分
工作量 （5分）	① 未达平均办件量，扣 2 分 ② 超过平均办件量，得 5 分
工作服务效能 （10分）	① 不达办件量 80% 不得分 ② 达到办件量 80% 得 5 分，达到办件量 95% 得 10 分；办件满意率 100% 得 10 分

L镇纪委不定期对中心的工作进行明察暗访，并通过视频监控系统对工作人员的行为进行实时监督。同时在L镇为民服务中心推行信访举报制，向公众公布举报电话，让中心处于广大群众的监督之下。中心每月月初统计上一月绩效评价扣分情况，每扣1分须从当月工资内扣除5元，扣完为止。

2. 年终绩效评价

L镇为民服务中心每年年底对聘用人员进行绩效评价，与L镇人民政府其他聘用人员采用同一评价流程和内容，年终绩效评价决定聘用人员全年的绩效工资总额。具体绩效评价分为"德""能""勤""绩""廉"五大部分："德"主要评价思想政治素质及道德品德；"能"主要评价业务能力及履行职责能力;"勤"主要评价工作态度、工作责任心及工作作风;"绩"主要评价工作任务的完成情况和工作质量;"廉"主要评价廉洁自律情况。五大部分的分数如表 2-2-2 所示。

表 2-2-2 L 镇为民服务中心工作人员绩效测评表(年终)

姓名	德(15 分)				能(25 分)				勤(10 分)				绩(40 分)				廉(10 分)				综合评价(其中"优秀"不超过总人数的 15%)			
	好	较好	一般	差	好	较好	一般	差	好	较好	一般	差	好	较好	一般	差	好	较好	一般	差	优秀	合格	基本合格	不合格

年终绩效评价一般按照以下程序进行。

首先,每位聘用人员对本年度的工作情况进行总结,撰写年度个人总结报告。

其次,部门召开民主测评会,由部门全体人员参加。会上发放 L 镇为民服务中心工作人员绩效测评表,由本部门聘用人员、领导对本部门的全体被评价人员分别进行匿名打分。在 L 镇为民服务中心工作人员绩效测评表中,将评价内容分为"德""能""勤""绩""廉"五大部分,每部分均设置"好""较好""一般""差"四个等次,对应分数分别为该部分总分的 100%、80%、60%、40%,取五部分所得总分之和为综合评价分数,分为"优秀""合格""基本合格""不合格"四个等次。一般"优秀"等次须得 85 分及以上,比例不超过部门聘用人员总数的 15%。

再次,汇总各部门民主测评情况,L 镇为民服务中心领导班子召开绩效评价会议,对各部门聘用人员民主测评情况进行进一步讨论,通过聘用人员的绩效评价等次。

最后，拟定最终的绩效评价等次并进行公示。

2.3.3　L镇为民服务中心聘用人员绩效评价结果运用分析

绩效评价作为一种有效的管理手段，最明显的作用就体现在绩效评价结果的运用上。为了尽量发挥绩效评价对聘用人员的激励作用，L镇为民服务中心在现有的绩效评价中不仅将绩效评价成绩与个人收入挂钩，而且使绩效评价结果与职务晋升相联系。

1. 影响收入水平

L镇为民服务中心聘用人员的绩效工资约占全年收入的30%。一般先按照L镇人民政府各部门年底综合绩效评价情况，确定当年为民服务中心的部门绩效工资基数，然后再按照聘用人员的最终绩效评价等次差别化发放绩效工资。绩效评价结果为"优秀"的，绩效工资按照当年部门绩效工资基数的1.1倍发放；绩效评价结果为"合格"的，绩效工资按照绩效工资基数发放；绩效评价结果为"基本合格"的，绩效工资按照当年部门绩效工资基数的90%倍发放；绩效评价结果为"不合格"的，当年绩效工资停发。

2. 影响职务晋升

按照规定，根据工作职责和具体负责的岗位事务，L镇为民服务中心聘用人员分为正职、副职和普通工作人员三类，其中普通工作人员对应1—12级，副职对应4—15级，正职对应7—18级。除岗位变动、工作年限增加、受教育程度提升等进行相应调整外，工作年限每满3年且绩效评价等次均为合格及以上的，从次年1月起提升1级；年度绩效评价基本合格、不合格的，相应延后1年升级。

2.4　L镇为民服务中心聘用人员绩效评价问卷调查情况

2.4.1　调查问卷设计理念与样本情况

1. 调查问卷设计的目的与内容

在前期进行基本情况了解时，案例研究人员发现部分窗口聘用人员对目前的绩效评价体系并不完全满意，同时也有被服务对象对窗口服务效率、服务态度、服务水平等内容提出建议和意见。因此，考虑通过设计调查问卷了解L镇为民服务中心聘用人员这一群体对现行绩效评价体系运行情况的评价和对现有绩效评价制度的满意度。本次问卷问题设计主要从个人情况、绩效评价程序的合规性、绩效评价的实施效果与结果运用、绩效评价体系的优化建议等方面展开。被调查者匿名参与问卷调查，须根据自身实际情况如实、完整地填写所有问题。

2. 调查问卷的发放与回收情况

通过检索整理国内外文献，把握绩效管理和绩效评价最新理论成果，在一定访谈和研究的基础上，设计了一份包含20个问题的调查问卷（附录三）。考虑到本书的研究对象为L镇为民服务中心聘用人员，而其余编内人员对于该群体的绩效评价情况了解不够，其反馈的内容针对性和准确性不强，因此调查问卷仅向L镇为民服务中心40名聘用人员发放。本次问卷发放采取线上填写的形式，通过工作群向中心所有窗口聘用人员发放问卷链接。本次调查共回收40份问卷，其中有效问卷40份，问卷回收有效率为100%。

2.4.2 L镇为民服务中心聘用人员绩效评价问卷调查结果分析

1. 对单位绩效评价制度的了解

（1）了解绩效评价制度是组织内成员接受并有效参与绩效评价的基础。在问题"您对单位绩效评价制度是否了解？"中（图2-2-1），选择

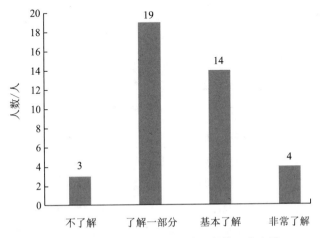

图2-2-1 对单位绩效评价制度了解情况分布图

"非常了解"和"不了解"选项的分别占10%和7.5%,占比较小,大部分人的选择集中在"了解一部分"和"基本了解"这两个选项,尤其是选择"了解一部分"选项的人数比例高达47.5%,可见大部分聘用人员都对绩效评价制度有所耳闻但缺乏系统、全面的了解。

(2)让组织内的全体成员都有渠道了解到本组织的绩效评价制度同样重要。在问题"您一般通过何种途径和方式了解单位绩效评价的相关要求和情况?"中,60%的被调查者选择了"通过单位组织的相关培训、宣传等活动"选项,可见L镇为民服务中心在对聘用人员实施新的绩效评价标准时,会有一定的前期准备。另外,也有被调查者选择"询问从事相关工作的同事"和"通过查阅本单位和绩效相关的文件"选项的,因此L镇为民服务中心聘用人员了解本单位绩效评价制度的渠道比较畅通。具体分布如图2-2-2所示。

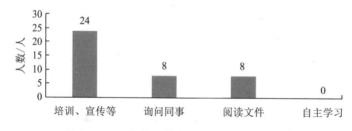

图 2-2-2　了解单位绩效评价制度途径分布图

综合以上两点,虽然L镇为民服务中心为聘用人员提供了相对便捷、全面的绩效评价制度了解渠道,但是聘用人员对单位绩效评价制度的了解依然有限,如何将组织内的绩效评价制度及时、有效、全面地对全体人员广而告之是需要解决的问题。

2. 对单位绩效评价体系设计和执行的满意程度

(1)绩效评价体系设计是否合理直接关系着其是否能够在组织内有效应用。在被问及单位设计的绩效评价体系是否能够如实反映员工的实际工作情况时,被调查者的回答出现了较大分歧,具体分布如图2-2-3所示。仅有25%的被调查者选择了"完全能够反映"选项,虽然选择"完全能够反映"和"大部分可以反映"选项的人数占比之和达到60%,但是选择"基本可以反映"选项的人数占比也不小,不容忽视。这也从侧面反映出在反映员工的实际工作情况方面，现有的绩效评价体系还有较为明显的漏洞。

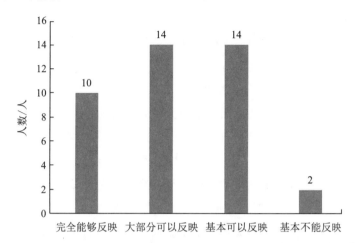

图 2-2-3　对单位绩效评价体系反映员工的实际工作情况认可度分布图

（2）绩效评价要在组织内充分发挥作用，就必须被严格执行。通过调查发现（图 2-2-4），在对于单位绩效评价执行力度的评价方面，选择"非常严格执行"和"基本严格执行"选项的占大多数，但也有 32.5％的员工选择了"执行力度一般"和"其他"（包括"执行较差"和"基

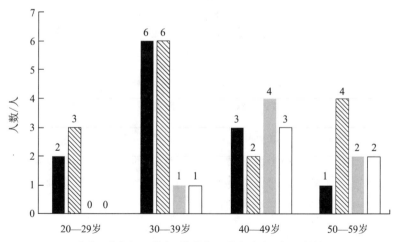

图 2-2-4　对单位绩效评价执行力度认可度分布图

本没有执行力度"选项。同时，经过问卷工具的交叉分析发现，40岁以上的群体对于绩效评价执行力度的评价出现了比较明显的分化。

从以上情况来看，L镇为民服务中心现有的绩效评价体系设计和执行情况并不能较好达成聘用人员的期望，绩效评价的作用相对有限，对绩效评价体系的优化势在必行。

3. 对单位绩效反馈和结果的运用

（1）绩效评价的有效反馈对于个人绩效的改善和提升至关重要。在被问及是否可以通过反馈的绩效评价结果进一步掌握工作中需要完善、改进之处时（图2-2-5），有40%的人选择了"否，了解了绩效评价结果，但是对于绩效评价细节和提升领域没有清晰的认识"选项，且大部分人的年龄在40岁以下，可见年长者更加注重绩效反馈发挥的重要作用，积极地希望能够更多地从结果中获取自我提升的建议和方向。

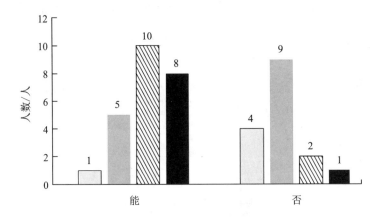

图2-2-5　绩效评价结果反馈对聘用人员提升情况分布图

（2）在绩效管理全流程中，对绩效评价结果的运用必不可少。在被问及单位的绩效评价结果运用是否能够发挥对部门和个人的激励或惩戒作用时（图2-2-6），虽然大多数人选择了"能充分发挥"选项，但也有相当一部分人表示只能部分发挥作用。

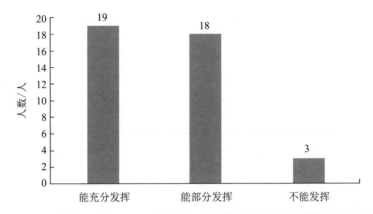

图 2-2-6　绩效评价结果运用对部门和个人的激励或惩戒作用情况分布图

2.5　L镇为民服务中心聘用人员绩效评价中存在的问题

通过对调查问卷的整理和分析，得出了一些关于L镇为民服务中心现行绩效评价体系的数据和存在问题的初步分析。为了深入了解存在的具体问题及其成因，在调查问卷的基础上设计了访谈提纲，邀请L镇为民服务中心分管领导、条线负责人及不同年龄段的聘用人员代表进行了面对面交流，得到了一系列具体的答复并分类整理。

2.5.1　绩效评价计划不合理

1. 绩效评价主体不全面

虽然L镇组织人事部门是最终汇总和决定绩效评价结果的主体单位，但L镇为民服务中心目前的聘用人员绩效评价有相当一部分结果需要参考部门负责人的意见。一方面，部门负责人是聘用人员的直接上级领导，与聘用人员朝夕相处，日常接触较多，对其工作状况了解相对较多；另一方面，由于L镇为民服务中心人员众多，部门负责人难以做到对每个人都有深入了解，因此在确定绩效评价结果时无法避免个人主观判断甚至臆断，导致绩效评价结果的客观性、全面性存疑。

2. 计划前的沟通机制缺失

只有在绩效周期开始前制订好绩效评价计划，统筹好下一阶段工作任务的执行步骤、人员分配、效果评价等问题，才能有效开展绩效评价。但在调查中发现，L镇为民服务中心在制订绩效评价计划前和聘用人员的沟通非常少,月度绩效评价基本上参照往年工作任务要求,简单修改或不经修改直接下发,对于绩效指标的具体绩效评价要求和内容变动并没有深入思考。在问题"您对单位绩效评价制度是否了解?"中(图 2-2-7),有 22 人选择了"了解一部分"和"不了解"选项,这意味着超过 50%的聘用人员虽然没有对绩效评价计划提出异议,但是对绩效评价计划的不熟悉使得他们只能被动接受,这造成大部分聘用人员在接到部门负责人关于绩效指标的通知后,往往直接按照要求完成工作任务,并不会向领导反馈计划指标的设定是否合理、工作的分配是否恰当,遇到问题时也往往仅是和类似岗位的同事交流个人感受以获取心理安慰。另外,大部分聘用人员对于月度绩效评价仅决定当月绩效工资而对年终绩效评价没有直接影响的设定并不满意,但是由于了解绩效评价规则时相应制度已经落实,没有渠道进行反映,所以大多不了了之。

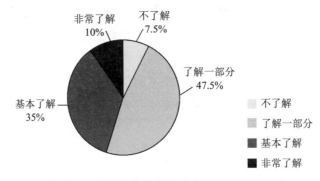

图 2-2-7　对单位绩效评价制度了解情况饼状图

2.5.2　绩效评价指标设置存在争议

1. 月度绩效评价和年终绩效评价指标脱节

目前,L 镇为民服务中心的月度绩效评价有非常详细的定量绩效评价指标,内容主要分为岗位纪律、行为规范、参与活动、业务水平、标准化服务、工作量和工作服务效能七大部分,相比于年终绩效评价的"德""能""勤""绩""廉"五大部分,月度绩效评价内容主要集中在"能"和"绩"两大方面,且占分达到了总分的 85%,而在年终绩效评价中"能"和"绩"占比仅为 65%,这不仅导致了指标不能一一对应,而且聘用人员对于各项绩效评价内容的重要程度也无从判断,月度绩效评价和年终绩效评价严重脱节。

2. 绩效评价指标标准笼统模糊

L镇为民服务中心聘用人员的年终绩效评价与L镇其他部门聘用人员的年终绩效评价相同，均以"德、能、勤、绩、廉"为主要绩效评价指标，但这五大指标内容较为宽泛，无法准确量化，相应的绩效评价负责部门也不会给出统一口径和有参考性的说明。聘用人员明白指标的重要性，但是对于指标具体对应的绩效评价内容不甚了解，因此年终绩效评价时也只是根据这些相对笼统的指标进行简要的个人总结。在问卷调查"您认为单位绩效评价指标中可量化指标最好占比多少？"这一问题中，有超过半数的被调查者选择了"40%～60%"和"60%以上"选项，可见聘用人员非常希望能够增加当前绩效评价中的可量化指标占比，减少笼统模糊绩效评价项的存在。在访谈中，多位聘用人员代表也反映五大指标定义不明对他们的民主测评打分造成了较大困扰，往往只能根据平时的了解给出大致的分数，影响评分的有效性。

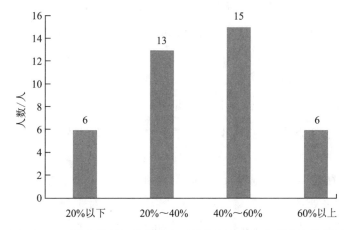

图 2-2-8　对单位绩效评价指标中可量化指标应有占比看法分布图

2.5.3　绩效评价反馈较弱

1. 绩效评价实施过程中的反馈和申诉机制缺失

绩效评价工作系统性很强，需要评价人员和被评价人员共同认真参与。由于绩效评价结果直接影响到被评价人员的薪酬待遇，所以他们对于绩效评价实施是否有效最具有话语权，他们对流程优化的建议也应当被及时听取和采用。但是，目前L镇为民服务中心绩效评价实施缺乏部门全局的问题交流和上下级之间行之有效的沟通，聘用人员没有畅通的渠道反馈指标设计、绩效评价等次确定中的各种问题，绩效评价计划的动态调整和优化还停留在纸上谈兵的阶段，绩效评价似乎成了一种事后管理。

2. 绩效评价结果反馈成为摆设

在被问及对绩效评价结果不满意是否会向领导或相关部门申诉时，被调查的40人中有19人，也就是接近半数选择了"不会"选项，可见聘用人员对于绩效评价结果的反馈并不抱希望。这主要是因为L镇为民服务中心绩效评价结果的反馈往往只是通过单位公告栏进行公示，虽然人人都看得到，但是，一方面，被评价人员——聘用人员对绩效评价结果本身并不关心，另一方面，绩效评价负责部门传达不到位，在张贴公告时只做了简单通知，并没有对每个聘用人员的具体工作情况总结和分析后进行一对一反馈，导致实际上大部分聘用人员对绩效评价结果一知半解，并不了解自己的分数究竟体现了自己在工作中有哪些闪光点或有什么需要改进的地方，甚至有些聘用人员还会产生"我没有评到优秀，就是一般的水平，其他人的绩效评价结果和我没有关系"这样的消极想法，绩效评价反馈的作用完全没有发挥出来。

2.5.4 绩效评价结果运用不足

在问卷调查中发现，L镇为民服务中心的年轻群体比年长群体更加注重绩效评价全流程作用的发挥。在19名20—39岁的聘用人员中，有13名在"您是否可以通过反馈的绩效考评结果进一步掌握工作中需要完善、改进之处？"这一问题中选择了"否"。他们对于现有的绩效评价体系较为满意，但是绩效评价结果运用的现有制度设置并不能满足他们的需求。

1. 日常绩效评价结果未得到充分运用

L镇为民服务中心聘用人员的绩效评价以每年年终的绩效评价为主，平时的绩效评价虽然对服务效能、服务态度、考勤情况、工作作风和纪律遵守情况均有涉及，如对迟到早退的聘用人员进行通报批评、纪检监察单位和作风办公室对随机检查中发现违反上班制度和纪律要求的聘用人员进行警告等，但薪酬待遇上的惩罚措施力度很轻，往往就是查到一次只扣几元或者几十元，导致部分聘用人员对绩效评价权威性并没有形成重视，甚至因某一次被罚款而出现消极怠工和不满的情绪。同时，日常管理中对聘用人员实际工作表现的监督考察机制缺乏，虽然月度绩效评价中有规定L镇为民服务中心聘用人员需要参与部门活动和单位的其他工作事务，但是大家对此的理解往往停留在及时参加部门会议和活动上，不具有主观能动性，在是否能够在工作任务较重时妥善协调手头的不同工作、是否能够对工作中存在的不足进行反思并进行自我完善和工作创新等方面缺乏跟踪管理，无法达到通过对聘用人员日常工作进行绩效评价以促进聘用人员端正工作态度、提升工作效能的目的。

2. 年终绩效评价结果差异不明显

对聘用人员进行绩效评价除了要发现不足、指出问题外，还应进一步激励聘用人员主动、高效地完成工作，并产生提升工作效能、改进工作方法的意愿和动力。同时，对绩效评价结果的总结和分析，能够帮助各分管领导和部门负责人全面、具体地掌握聘用人员个人工作任务的完成情况，并对单位的运行情况有全局性的了解，及时排查、总结本单位存在的共性问题，推动单位管人、用人制度的精细化、科学化。但在L镇为民服务中心，聘用人员的绩效评价并没有发挥应有作用。一方面，L镇为民服务中心聘用人员的绩效评价内容中，大量的定量评价只体现在月度绩效评价中，年终绩效评价更多的是定性评价，但月度绩效评价结果并没有得到有效的汇总和分析，导致这些体现实际工作的定量指标基本上不能在聘用人员整体评价中发挥作用，最终的绩效评价结果很难全面、客观地反映L镇为民服务中心聘用人员的实际工作情况，上级领导也无法根据绩效评价结果制订相应的改进方案。另一方面，聘用人员身份有一定特殊性，与一般企业员工相比，他们因为工作不力被辞退的可能性很小。除非出现重大违纪行为，聘用人员的绩效评价结果一般不会出现"基本合格"或"不合格"，导致部分聘用人员认为绩效评价结果对工作的影响不大，绩效评价工作就是走个过场。L镇为民服务中心年终绩效评价中由于"优秀"名额有限，又很少出现"基本合格"和"不合格"等次，所以绝大部分聘用人员的绩效评价结果都是"合格"，领取的绩效工资并无差异。因此，L镇为民服务中心大部分聘用人员在工作中只追求"无功无过"。尤其是40岁以上这一群体，因为年龄偏大，部分聘用人员抱有"养老等退休"的想法，对待工作较为消极。

2.6 L镇为民服务中心聘用人员绩效评价中存在问题的成因分析

2.6.1 对绩效评价缺乏重视

1. 对绩效评价主体选择的重视程度不够

目前，L镇为民服务中心聘用人员的绩效评价与L镇其他政府部门相同，都是经所在部门组织测评后，将结果汇总到L镇组织人事部门，经整理和领导班子讨论后，确定最终结果。L镇领导班子、组织人事部门、部门负责人、全体聘用人员都是绩效评价主体。但L镇为民服务中心和组织人事部门不在同一地点办公，组织人事部门对于绩效评价结果的有效性无法做出自己的判断，因此往往只是整理现成的结果，将决定权交给领导班子。由于没有清晰、量化的工作成果呈现，领导班子在评价时往往会对某些有突出表现的人产生较好的整体印象，认为其在工作中各方面都比较出色，给出可能过高的评价，这导致其他绩效评价主体发挥的作用非常有限。同时，由于为民服务中心是面向全镇人民群众的窗口单位，被服务群众的服务体验应当是为民服务中心聘用人员绩效评价的重要内容，但被服务群众并没有被规范纳入绩效评价主体中。

2. 对定量绩效评价的重视程度不够

进入21世纪以后，信息技术迅猛发展，无纸化办公在企业、事业单位、机关单位等都极为常见。从目前政府部门采取信息化手段开展工作情况来看，无纸化办公对于提高政府部门工作效率的效果显著。组织人事部门有多项年报统计工作，如公务员年报、工资年报、党员年报等，以前都需要根据纸质档案逐条整理，目前则可以利用信息系统进行日常的人员和信息管理，年底时由信息系统直接生成年报，快速且非常准确，使以往因统计难度大等客观因素而难以实施的定量绩效评价方法成为可能。L镇为民服务中心的绩效评价工作依然停留在传统定性绩效评价阶段，并没有利用好无纸化办公带来的便利。纵观L镇为民服务中心聘用人员最为重要的年终绩效评价过程，几乎都是以定性描述定结果，缺少定量分析，主观元素多而客观元素不足。同时，由于个人总结和领导谈话等环节没有量化指标，个人阐述的主观性较强，聘用人员总是会下意识地表现自己工作中良好的一面，而这两个绩效评价环节难以量化，绩效评价结果的科学性无法保证。可见，对这些存在的问题，负责绩效评价工作的分管领导和部门并未引起重视，也没有考虑如何有效解决。

3. 对绩效评价过程的参与度、重视程度和信任度不够

L镇为民服务中心聘用人员的绩效评价从个人总结环节开始，聘用人员能直接参与的环节有民主测评和领导谈话，对后续的党政联席会、结果公示、核对上报环节往往缺乏了解和参与。以民主测评环节为例，虽然全体工作人员会对所有聘用人员一年的工作进行匿名测评，但是由于测评往往是将整个部门的同事集中到同一会议室一起填写纸质表格，大家在测评时仍有顾虑，担心如果对某些同事的工作绩效有意见并在测评中体现会有被发现的风险，容易引起同事间关系不和睦，因此填写时往往都是给予较好的评价，对存在的问题并未直接、明确地指出甚至闭口不谈。同时，由于测评方式保密性、对同事关系的心理顾虑等问题，聘用人员在民主测评环节往往没有足够的重视。部分聘用人员认为党政领导班子成员对民主测评结果有极大的干预权甚至决定权，大部分绩效评价流程都是走个过场，流于形式，绩效评价结果的真实性和客观性存疑。因此，L镇为民服务中心聘用人员在绩效评价这一绩效管理最重要环节的参与度不够，重视程度和信任度也有待提升，绩效评价中存在的形式化问题亟待解决。

2.6.2 绩效评价指标制定不合理

1. 绩效评价指标权重设计不科学

在L镇为民服务中心的年终绩效评价中，"德、能、勤、绩、廉"这五维绩效评价指标的侧重、排序有所区别，而部分聘用人员认为这五项指标的重要性是相同的。部分聘用人员则认为，"德"是对聘用人员进行绩效评价的基础，在这一基础没有问题的前提下，"绩"应当是绩效评价中的重点，其次是"勤""能""廉"。这体现了聘用人员对道德

品质、个人业绩的重视，但也反映了部分聘用人员对"廉"这一要素的认识缺失。根据调查，L镇为民服务中心在实际绩效评价工作中，对五维指标的权重划分相对比较粗略，聘用人员对其重要性往往缺乏科学的认识，因此也没有形成有理有据的科学分配比例。绩效评价指标权重设计不科学在一定程度上对绩效评价结果的有效性产生了不利影响。

2. 绩效评价指标内容设计与岗位实际有偏差

要体现绩效评价结果的科学性、客观性、全面性，就应根据为民服务中心岗位的特性、工作量等进一步细化要求，制定具体的个性化指标。但从目前的情况来看，L镇为民服务中心聘用人员年终绩效评价中，其绩效评价指标与L镇其他政府部门聘用人员的绩效评价指标是相同的，即上文中多次提到的"德""能""勤""绩""廉"五维指标，月度绩效评价中根据具体工作内容设计的差异化指标在年终绩效评价中毫无体现，打分往往都是凭感觉粗略估计。针对不同岗位的聘用人员采用统一的绩效评价指标，这一绩效评价设计的科学性存疑，对于全面反映不同岗位聘用人员工作实际情况、发现工作中存在的问题并无帮助。同时，月度绩效评价中七大方面的绩效评价内容扣分差异不大，一般问题基本都是扣1－2分，但一方面，其中有类似卫生工作不到位这样的扣分，实际上与本职工作关联不大；另一方面，行为规范中的各种细节问题和工作失职类的问题在扣分分数上没有形成绝对的差异，但行为规范涉及的扣分项种类繁多，导致聘用人员在工作中为了不扣分往往会在行为规范上投入过多精力，反而无暇顾及服务质量。

2.6.3 绩效评价流程监督公开不到位

强调监督机制的严肃性、有效性，对于保障绩效评价结果客观、准确至关重要。然而，在L镇为民服务中心绩效评价工作开展过程中，虽然有公示环节可以接受大家的意见反馈，但是监督措施和办法的使用并未得到很好的体现。

1. 绩效评价结果的产生过程不够公开

在民主测评环节，以部门为单位开展测评，所有工作人员会对本部门的所有聘用人员匿名打分、评价，但民主测评的结果并不是当场统计后就立即公布，而往往是在会后经过领导班子讨论后直接和最终结果一起公布，中间存在一定的时间差，难免让人觉得这样的测评过程不够公开，存在会后"搞小动作"的可能。在党政领导班子讨论环节，领导班子会将现有的民主测评统计结果作为参考，同时结合分管领导对本部门（条线）聘用人员日常工作表现的意见，经大家讨论通过，最终评选出本年度"合格"等次的聘用人员。由于该环节只有党政领导参与且没有提供给领导量化的聘用人员工作情况介绍，所以领导们的评选方法和评选指标主要由本人决定，绩效评价结果也就主要由领导主观意愿决定。

2. 绩效评价结果公示过程中群众监督作用未有效发挥

在绩效评价结果公示环节，按照相关规定，绩效评价结果应当在 L 镇人民政府的公告栏处进行至少 5 个工作日的公示，任何异议都可以在公示期内向组织部门提出。组织部门对收集到的异议展开调查，调查后发现不存在问题的，要及时向举报人反馈；发现确实存在问题的，则要妥善处理解决。然而实际上，大部分聘用人员并不关注公示时间和地点，对绩效评价结果往往是不管如何都全盘接受，即便对绩效评价结果有异议，碍于情面也不会向相关部门反馈，公示环节所发挥的监督作用非常有限。还有不容忽视的一点是，聘用人员虽然不受编制的约束，但是和编内人员一样都承担着为人民群众服务的重任，且在为民服务中心这样的政务服务部门体现得尤为明显，因此充分发挥人民群众对 L 镇为民服务中心聘用人员绩效评价工作的监督作用至关重要。但目前仅有公示这一环节是人民群众有机会参与的，而且由于公示前不会进行对外宣传，公示栏在 L 镇人民政府范围内，一般群众并不会随意进入，能看到的群众基数很小。同时，公示材料一般使用 A4 纸打印，除非在公示栏前驻足仔细察看，对政府工作内容、工作时间节点并不熟悉的群众往往不能注意到公示材料，因此群众监督作用没有得到有效发挥。

2.6.4 配套激励机制缺失

1. 绩效评价结果无阶梯性

根据 L 镇为民服务中心目前的绩效评价制度，每年聘用人员中获得"优秀"等次的人数不能超过本单位在职人数的 15%。这就意味着有超过 85% 的聘用人员只能获得"合格"等次或更差的绩效评价结果，因此部分聘用人员认为自己的绩效评价结果与大部分同事没有什么不同，工作能正常完成就好，反正无论工作情况如何，得到的都是无差别的绩效评价结果和待遇。这种绩效评价模式容易导致L镇为民服务中心聘用人员产生"吃大锅饭"的懈怠心理，失去工作主动性和积极性。

2. 绩效评价结果激励作用未得到发挥

由于每年获得"优秀"等次的人数占比相对较小，绝大多数聘用人员都是获得"合格"等次，因此除了基本工资会因为工龄、职务等有系数上的差异外，聘用人员的绩效工资并没有太大的差距，这让部分聘用人员产生"就算工作量和工作态度上存在差距，最后的收入也差不多"的感觉，认为自己就算付出努力也不能得到相应比例的奖励，即便是获得"优秀"等次，每年多得的奖金也只有几千元。这使得绩效评价结果对聘用人员薪酬待遇的影响不大，绩效评价应有的激励作用未得到充分发挥。相当一部分聘用人员以得过且过的态度对待工作，以"不求有功，但求无过"为工作追求，导致为群众服务的效能大大降低，懒政不作为现象频繁发生。另外，虽然按照制度规定，聘用人员也有可能被辞退，但是在实际工作中，聘用人员只要不出现违法乱纪行为，被辞退的可能性很小，聘用合同制似乎也成了隐形的"铁饭碗"，聘用人员队伍缺乏危机感，竞争意识也逐渐丧失，对结果持可有可无的漠视态度，极小部分聘用人员甚至抱有通过做副业补贴家用的想法，认为通过副业可以获得比绩效评价优秀更多的收入，努力争取优秀没有必要。

2.7 平衡计分卡用于L镇为民服务中心聘用人员绩效评价优化的必要性和可行性分析

为了解决L镇为民服务中心聘用人员绩效评价中的种种问题，必须对现有的绩效评价体系进行全面的优化。由于平衡计分卡已在众多公共部门绩效评价中发挥了较好的作用，因此考虑使用平衡计分卡对L镇为民服务中心绩效评价体系进行优化。在使用前，首先从必要性和可行性两个方面分析平衡计分卡在L镇为民服务中心聘用人员绩效评价中是否适用。

2.7.1 平衡计分卡用于 L 镇为民服务中心聘用人员绩效评价优化的必要性分析

1. 人员自身发展的要求

聘用人员是 L 镇为民服务中心窗口服务力量中不可或缺的群体,但是他们的薪酬待遇、职业发展与同岗位的编内人员有较大差距,这容易给他们造成心理落差,从而影响工作效率和整个单位的工作氛围。而平衡计分卡的引入可以使绩效评价结果更加清晰、细致,实现数据化、可视化,为其中表现优异者提供更好的物质待遇和晋升渠道,同时对浑水摸鱼者给予相应的警告和惩罚,促使他们投入更多精力以提升自身的工作效能,并形成正确的工作价值观,从而实现绩效评价体系的良性循环。

2. 地区发展的现实需要

L 镇产业特色突出,新能源汽车及其核心零部件、智能装备、现代物流产业发展后劲足,是 C 市建设工业明星城市的重要贡献者。"十三五"期间,L 镇共引进各类产业项目 70 个,且都尽快落地投产。这意味着 L 镇将有大量企业和人口涌入,新落户人口的户籍办理,新入驻企业的单位公积金开户、人员社保办理等事务会大大增加,但短时间内大量扩大为民服务中心人员规模显然不现实。如何在人员相对固定的前提下,通过平衡计分卡这一行之有效的绩效管理工具来提升他们办理业务的能力,进一步扩大业务范围,增加人均办件量,形成与地区发展相匹配的审批服务合力,是 L 镇当前降低人工成本、满足本地区经济社会发展需求的有效途径。

3. 服务效能提升的诉求

为民服务中心窗口工作人员的服务水平直接决定了服务对象的服务体验,一次良好的办事经历不仅能节约时间和成本,而且意味着办事群众在后续能够更快获得相应补贴或投入生产生活,办事企业也能够更好推进项目建设和业务发展。坚持以企业、群众实际需求为导向,努力打造服务更好、效率更高的政务服务环境,"高效、廉洁、便民"地提供服务是当前 L 镇为民服务中心努力的目标,这一目标的实现需要为民服务中心的管理层和全体员工长期努力,而平衡计分卡可以引导全体员工在关注业务目标实现的同时，更多为中心的长远发展考虑，从而实现服务效能的持续提升。

2.7.2 平衡计分卡用于L镇为民服务中心聘用人员绩效评价优化的可行性分析

1. 国内外成功案例的有效参考

1994年，美国夏洛特市将平衡计分卡引入城市公共管理，吸引了更多的商业投资和居民流入，使得城市发展有了突破。美国夏洛特市实现了主题计分卡和部门计分卡的统筹推进，进一步落实和细化到了个人的绩效计划，在改革调整中实现了绩效管理的持续发展。2005年，青岛市委市直机关工委探索将平衡计分卡嵌入政府部门管理过程，利用清晰化、步骤化、详细化的工作目标和流程，通过具体化、定量化的指标设定，增加了政府工作的透明度，促进了经济社会的长足发展。通过执行有力的绩效管理体系，员工工作热情、激情被充分激发。这些城市成功应用平衡计分卡的例子证明了这一绩效管理工具与公共事务管理的适配性。

2. 政策规定的有效支撑

2020年，L镇所在的X区下发了《关于印发第一批赋予镇（街道）行政许可及公共服务类事项清单的通知》，要求辖区内所有镇（街道）要明确认领事项，制订审批事项承接方案，为基层乡镇（街道）明确行政审批事项提供了政策支撑，也鼓励各单位采用不同的绩效评价方式提升服务效能。L镇为民服务中心在对承接的审批事项流程进行梳理后，再造审批流程，确保办理环节设置科学，审批服务链各节点项目明确、全流程清晰、岗位人员职责到位，窗口工作人员对办理事项、办理依据、承诺时限、办理手续流程等要素清楚明确，同时出台了为民服务中心政务服务标准，对工作纪律、服务态度等提出明确要求，而平衡计分卡可以使L镇为民服务中心的政策更好、更稳地落地。

3. 平衡计分卡实施的可操作性

平衡计分卡作为一种现代绩效管理工具，通过四个维度的划分，将较为抽象的组织战略有效转化为具有可操作性的具体衡量指标，以帮助组织达成目标。这四个维度相互联系又相辅相成：财务和顾客维度的综合考虑使得组织不仅能够对短期收益有明确的认知,而且还能够更多地考虑接受产品或服务对象的偏好与需求,为追求更好的长期利益打下基础;内部流程的规范有助于组织提高完成目标的效率并降低所需的成本,为组织实现利益最大化奠定坚实基础;学习和发展维度的改善是组织可持续发展的必然要求,使组织具备完成更高目标的能力。总而言之,平衡计分卡四个维度的有效整合实现了财务和非财务指标的平衡、定性和定量指标的有机结合、主观评价和客观评价的互相补充、短期发展和长期提升的统一。

4. 有效的信息化手段保障

科学的绩效评价体系依赖于完善的信息系统,也需要保障各级交流沟通的无障碍进行。随着互联网技术的飞速发展和电子产品的普及,目前 L 镇为民服务中心已经实现电脑等办公工具在每个窗口的 100％覆盖,工作人员办理业务的过程和结果都有迹可循。因此,在使用平衡计分卡对窗口工作人员进行绩效评价时,能够便捷地获取相关工作数据。同时,信息系统的使用使得 L 镇为民服务中心的业务办理流程相对规范和固定,这为绩效评价时相关指标的定量分析奠定了坚实基础。由此可见,L 镇为民服务中心在聘用人员绩效评价中引入平衡计分卡有相对扎实的设施基础。

2.8　L 镇为民服务中心的战略确定

平衡计分卡的使用始终以战略为核心。战略应当是组织在可预见的较长时间内需要集中精力完成的关键任务,体现了组织的优先发展方向。卡普兰和诺顿在定义战略的内容时,主要沿袭了迈克尔·E. 波特（Michael E. Porter）的定位学派研究成果,将战略描述为目标、优势和范围三大块内容。下面按照这三大块内容描述 L 镇为民服务中心的战略。

1. 目标

政务服务没有最好,只有更好。为民服务中心需要在自身承接能力和管理服务范围内做到最优,始终以企业和群众的需求为出发点,全心全意服务企业和群众,真正做到提升便民利企服务水平。因此,将 L 镇为民服务中心的目标概括为持续优化"快、简、便、优"的基层政务服务,打造 C 市西部最好的为民服务中心。

2. 优势

为民服务中心不断提升政务服务便利化水平,优化营商环境的意义,在于能让企业和群众以最短的时间和最简洁的程序把审批事项办完。无论是推进申办材料共享、审批服务流程优化,还是实现综合受理业务,打破承接事项壁垒,都是为了充分发挥这一优势。因此,将 L 镇为民服务中心的优势概括为办事流程简化、政务服务优质、充分服务地区经济社会发展。

3. 范围

为民服务中心的出现,本就是为了能够满足地区内企业和群众办事的具体需求,让企业和群众能够一站式办理社保、医疗、公安、交管、计生、税务、劳动等方面的业务。因此,将 L 镇为民服务中心的服务范围概括为 L 镇范围内需要政务服务的全体企业和群众。

最终,可将 L 镇为民服务中心的战略确定为面向全镇企业和群众提供高品质的政务服务,打造 C 市西部最好的为民服务中心。

2.9 L 镇为民服务中心聘用人员绩效评价的指标选取和权重确定

在征求 L 镇为民服务中心分管领导、部门(条线)负责人和窗口工作人员代表意见的基础上,根据 L 镇为民服务中心已构建的战略和其组织性质,对用于 L 镇为民服务中心聘用人员绩效评价的平衡计分卡的四个维度进行了修正,并进一步确定了四个维度的具体指标内容和权重。

2.9.1 四个维度的修正

平衡计分卡最早用于企业管理,由于其作为绩效管理工具获得了空前的成功,政府和非营利组织也开始使用它。其发明者也认为,平衡计分卡用于政府和非营利组织的效果更好。但由于政府和非营利组织与企业存在公私部门的差异,因此最初设计的财务、顾客、内部流程、学习和发展四个维度并不完全适用于政府部门的绩效管理。作为政务服务的集成式部门,L 镇为民服务中心主要按照管理标准化、服务标准化的相关要求，严格遵守业务操作规程等相关规定办理行政审批服务事项。因此，为了更好地将平衡计分卡用于 L 镇为民服务中心聘用人员的绩效评价，必须根据实际情况对四个维度进行修正。

1. 将财务维度修正为行政审批业务维度

对于企业来说，实现利益最大化是其最重要的使命，因此财务指标一直是企业使用平衡计分卡时最为重要的指标，也是企业绩效最为直观的体现。但对为民服务中心来说，其最终目标是提供令被服务者满意的行政审批业务，衡量工作完成优劣的最关键因素是业务效率和效能，因此将平衡计分卡的财务维度修正为行政审批业务维度。

2. 将顾客维度修正为群众维度

顾客是为企业带来市场和利润的关键群体，"顾客就是上帝"是所有企业的共识。同时，由于企业利益最大化的重要使命，其顾客维度的改进不但意味着增加顾客群体，也意味着在现有顾客群体中挖掘更多利润的可能性。而作为提供公共服务的政府职能部门，L 镇为民服务中心的职能决定了其所面对的不是能提供收入的顾客，而是需要向其无偿提供服务的被服务对象，只要被服务对象有需求，L 镇为民服务中心就必须提供服务，这与企业存在较大的差异。被服务对象主要是企业和群众，此处将其统一归为群众，因此将平衡计分卡的顾客维度修正为群众维度。

3. 将内部流程维度修正为内部管理维度

对于企业来说，良好的业绩需要完善的内部经营流程，以保障企业的良好运行，其关键在创造价值的少数关键业务，主要关注运营、客户管理、创新、法律和社会规定等流程。由于 L 镇为民服务中心作为政府组织的特殊性，在该维度必须更多考虑其提供公共服务所相应承担的社会职责，以及一些与工作看似没有实际关联，但是涉及岗位红线或是上级管理部门制定的强制性任务的内容，在考虑内部业务流程的效率的同时还要兼顾对上述内容的考量，因此将平衡计分卡的内部流程维度修正为内部管理维度。

4. 对学习和发展维度不做修正

虽然组织性质不同，但是 L 镇为民服务中心在学习和发展维度的评判与营利组织基本类似,都是以人员基本素质与业务能力、掌握更先进的信息化手段等要素为判断依据的,因此对这一维度不做修正。

2.9.2 绩效评价关键指标的选取和细化

为了使绩效评价的指标划分更为合理、全面、具有可操作性,将每个维度划分为数个二级指标,再将每个二级指标所对应的绩效评价细则列出。为了更加方便地统计不同指标所获得的分数,先将各关键绩效指标对应的单项满分设为 10 分,在后续确定权重后再按比例折算。

1. 行政审批业务维度关键绩效指标

根据 L 镇为民服务中心的战略,行政审批业务维度是其绩效评价体系中最为重要的指标,是聘用人员的主要岗位职责所在。根据其工作特性,可将该维度细化为服务效率、依法服务、标准化服务、一体化审批四个方面。

"服务效率"主要是对聘用人员办件量和办件效率进行绩效评价。每月初将生成上月个人的办件量数据,将所有聘用人员的办件量进行排名,按照一定的规则划分等次进行赋分。同时,也应当对聘用人员的办件时长进行考察,避免服务拖延导致的过长等待使群众产生不满。L 镇为民服务中心窗口高频业务标准办理时间如表 2-2-3 所示。在统计时,可以按以下公式计算业务办理效率:

某业务办理效率=该业务标准办理时间/当月实际平均办理时间×100%

综合业务办理效率=各业务办理效率按办件量加权所得的平均值

表 2-2-3　L 镇为民服务中心窗口高频业务标准办理时间表

序号	办理事项	标准时长/分
1	档案查询	20—30
2	个体户和食品经营业务	20—30
3	身份证业务	15
4	户籍和居住证业务	15
5	城乡居民基本养老保险业务	5—10
6	各项业务进度查询	5
7	其他社会保险业务	5

续表

序号	办理事项	标准时长/分
8	建筑类审批	5
9	基本医疗保险业务	5
10	资料免费打印	1

"依法服务"主要是对聘用人员按照业务操作规程等相关规定办理行政审批服务事项的情况进行考核。违规操作、擅自增加办理业务的前置条件、办理业务的档案无效归档、因业务不熟练误导办事群众的，此项都须扣分。

"标准化服务"主要是对聘用人员管理标准化、服务标准化情况进行评价。首问负责制、一次性告知制等都是标准化服务的评价内容。

"一体化审批"主要是对政务服务一体化平台、"网上办"服务平台等便民服务网上办事模块的完成情况进行评价。对于工作时间收到的、居民通过"网上办"系统所申报的业务办理要求，聘用人员必须在2小时内完成相应审批流程；对于非工作时间收到的业务申请，聘用人员必须在第二个工作日上班后2小时内完成。

行政审批业务维度关键绩效指标及其计算方式如表2-2-4所示。

表2-2-4　行政审批业务维度关键绩效指标表

目标	关键绩效指标	指标计算方式
服务效率	是否能在特定时间内达到规定的办件量	① 当月办件量在全体聘用人员中排名前10%的，得8分；当月办件量在全体聘用人员中排名前10%~30%的，得7.2分；当月办件量在全体聘用人员中排名前30%~50%的，得6.4分；其余得5.6分。若办件量低于当月平均办件量60%的，无论排名如何，此项不得分 ② 综合业务办理效率数值低于本月窗口整体平均值的，得2分；超过本月平均值的，得1分

续表

目标	关键绩效指标	指标计算方式
依法服务	是否严格按照业务操作规程等相关规定办理行政审批服务事项	① 法律法规执行不当，每次扣2分 ② 无法定依据，擅自设立行政审批事项前置性条件的，有一例扣1分 ③ 未按行政许可案卷归档要求实行一案一卷、一卷一号等要求的，每件扣0.5分 ④ 因业务不熟悉，未能及时准确解答服务对象的咨询且受到投诉的，经查实，每次扣3分
标准化服务	是否按照管理标准化、服务标准化要求提供服务，是否严格遵守首问负责制、一次性告知制	① 未按管理标准化、服务标准化要求实行首问负责、书面一次性告知到位等窗口标准化服务要求且受到投诉的，经查实，每次扣3分 ② 未按业务标准化要求，对审批服务项目名称、办事指南、办理流程、申报材料、网上办理地址、填报样本、审批权限、承诺时限等事项调整不及时或变更事项前未报告管理人员的，每件次扣2分
一体化审批	是否及时处理政务服务一体化平台、"网上办"服务平台业务办理要求	对居民在"网上办"系统所申报的业务办理要求，工作时间段2小时内无故不完成相应审批流程或非工作时间段在第二个工作日上班后2小时内无故不完成的，每件次扣0.5分

2. 群众维度关键绩效指标

聘用人员的工作目标是提供令办事群众满意的服务，因此可将该维度细化为实时满意度、投诉情况、后续奖励表彰三个方面。

"实时满意度"主要评价聘用人员提供服务后，在现场所获得的群众满意度测评情况。目前，L镇为民服务中心窗口实现了智能互动屏全覆盖。聘用人员完成业务后，需要引导办事群众在智能互动屏上对所接受的服务满意度进行打分。

"投诉情况"主要评价聘用人员服务所获得的负面评价情况。若出现居民通过拨打12345热线等方式投诉、收到投诉信、被纪检监察机关通报批评、上级暗访发现工作存在问题的，通过向当事人核实、调取监控、查看审批服务后台流程等方式进行核查，确有因工作不到位导致上述情况出现的,此项须酌情扣分。

"后续奖励表彰"主要是对提供优秀服务的聘用人员进行补充打分。若聘用人员因服务贴心到位、切实为民解决难题而收到被服务对象自发赠送的锦旗、感谢信,或者因工作出色而被上级媒体、管理部门或领导表扬的,此项可酌情加分。

群众维度关键绩效指标及其计算方式如表 2-2-5 所示。

表 2-2-5　群众维度关键绩效指标表

目标	关键绩效指标	指标计算方式
实时满意度	是否在完成业务后获得办事群众的满意评价	办事群众在服务结束后,在"好差评"系统中选择"一般""较不满意""非常不满意"3 个选项的,经核实确为聘用人员责任的,每次扣 3 分;本月内"一般""较不满意""非常不满意"3 个选项选择比例超过总办件量 20%的,此项不得分
投诉情况	是否存在由于工作不到位被投诉的情况	① 在纪检监察机关明察暗访中出现问题被通报的或因履职不力被上级点名书面通报批评的,本项不得分 ② 被办事群众现场或电话投诉的,经核查情况属实的,每次扣 3 分
后续奖励表彰	是否因为优异的工作获得表彰、表扬	① 收到被服务对象赠送的锦旗、感谢信,每次加 3 分 ② 因个人工作出色获省/市/区党委、政府表彰的,每次加 10/6/2 分;获省/市/区相关部门表彰的,每次加 6/3/1 分

3. 内部管理维度关键绩效指标

由于为民服务中心属于政府职能部门,"德""能""勤""绩""廉"五个方面应当在其绩效评价的关键指标中均有体现,行政审批业务维度和群众维度已经对"能""绩"有了充分的考核。由于"廉"这一指标的特殊性,本案例将其设置为一票否决的得分项,此处不详细展开,因此在内部管理维度主要考虑"勤""德"两个方面。据此,将内部管理维度细化为对应"勤"的"岗位考勤"和对应"德"的"文明服务""行为规范"三个方面。"岗位考勤"主要对未按考勤制度履行请假手续擅自离岗、空岗和无故迟到早退的行为进行扣分,"文明服务"和"行为规范"主要对提供文明服务、规范服务制度等方面进行评价。

内部管理维度关键绩效指标及其计算方式如表 2-2-6 所示。

表 2-2-6　内部管理维度关键绩效指标

目标	关键绩效指标	指标计算方式
岗位考勤	是否能够遵守上下班时间规定	① 非工作原因,未按考勤制度履行请假手续擅自离岗、空岗超半小时的,每次扣 1 分 ② 无故迟到或早退(含中午提前就餐),累计 3 次,该项不得分 ③ 每月病事假超过 2 天,该项得分不超过 5 分;病事假超过 5 天,该项不得分
文明服务	是否能文明有礼、热情耐心地接待被服务对象	① 工作中不使用文明用语,经查实,每次扣 1 分;服务时用忌语,经查实,每次扣 2 分 ② 接待服务对象不热情、缺乏耐心、态度生硬的,每次扣 1 分;不理睬、不答复的,每次扣 2 分 ③ 与被服务对象发生争吵的,经查实,每次扣 5 分 ④ 其他不文明服务行为,每次扣 1~5 分
行为规范	仪容仪表是否规范,是否遵守岗位纪律	① 上班期间不按规定着装、不佩戴工作胸牌、离开岗位去向告知不到位的,每次扣 1 分 ② 工作期间在大厅喧哗、做串岗聊天、嬉闹、吸烟、吃零食、打瞌睡等与工作无关的事情,每次扣 1 分 ③ 未按大厅手机使用规定玩手机、玩游戏、私人聊天等,每次扣 3 分 ④ 个人办公台及周边物品、资料不按规定摆放,工位卫生工作不到位的,每次扣 0.5 分 ⑤ 违反计算机设备日常维护要求,工作结束后不切断办公设备电源等,大厅包干事项没有到位的,每次扣 1 分 ⑥ 不经批准擅自使用大功率电器的,每次扣 2 分;造成严重后果的,该项不得分

4. 学习和发展维度关键绩效指标

学习和发展维度主要衡量个人在主动提升业务能力和综合素养方面的表现,可将该维度细化为自我学习、活动参与、创新举措、工作宣传四个方面。"自我学习"主要评价聘用人员主动学习的情况,如是否自觉增强政治素养或不断提升自身服务技能;"活动参与"主要评价聘用人员参加为民服务中心组织的各类会议、学习、培训的情况;"创新举措"主要评价聘用人员是否能主动发现工作流程中存在的问题,并提出建设性意见和可行的优化设想,为为民服务中心提升服务效能尽己所能;"工作宣传"主要评价聘用人员是否能够积极撰写关于为民服务中心业务的宣传文章并进行发表,将为民服务中心的优秀做法和工作经验形成典型。

学习和发展维度关键绩效指标及其计算方式如表 2-2-7 所示。

表 2-2-7 学习和发展维度关键绩效指标表

目标	关键绩效指标	指标计算方式
自我学习	是否能积极进行个人自学进修	① 按照要求使用"学习强国"平台学习,月登录全勤的,得 4 分;登录天数超过当月天数 90% 的,得 3 分;登录天数占当月天数 80%~90% 的,得 2 分;登录天数占当月天数不到 80% 的,不得分 ② 服务技能竞赛活动取得镇级前三名或前三等奖的,分别得 3/2/1 分;获得区级同类名次奖项的得 1.5 倍积分;市级及以上得 2 倍积分,此项不累计加分,取最高分值
活动参与	是否能够积极参加为民服务中心组织的各类会议、学习、培训	无故不参加为民服务中心组织的各类会议、学习、培训、志愿服务等活动,且未履行请假手续的,每次扣 2 分
创新举措	是否能对优化部门办事流程提出建设性意见或建议	主动反映社情民意,对优化办事流程、提高办事效率提出建设性意见或建议的加 1 分,被区/镇主要领导批示的加 5/3 分,被省/市/区级部门作为优秀经验推广的,每次加 10/6/3 分

续表

目标	关键绩效指标	指标计算方式
工作宣传	是否能够通过各级媒体有效宣传本职工作，传递基层声音	① 积极向镇党政办和区级条线部门投稿，动态信息被区级部门录用的，每篇加0.5分；约稿信息被区级部门录用的，每篇加1分；微信公众号文章被区级部门录用的，每篇加1分，被镇级部门录用的每篇加0.5分 ② 撰写的宣传稿件被国家/省/市级报刊、"学习强国"平台、微信公众号等录用的，每篇加10/6/3分

2.9.3 绩效评价指标的权重确定

前文已经确认了在L镇为民服务中心聘用人员绩效评价中使用平衡计分卡的四个维度和关键指标的内容及指标计算方式。在平衡计分卡的实际实施过程中，想要使绩效评价体系具有可操作性，就必须确定各具体指标的权重，实现绩效评价的充分量化。下面采用层次分析法（AHP）测算L镇为民服务中心聘用人员绩效评价指标的权重，层次分析法的运用在案例1中已经有详细介绍，在此不再赘述。

在运用1—9标度法构建判断矩阵时，由于某个元素与其自身相比一定是同等重要的，而对角线下三角部分的元素取上三角部分的倒数即可，因此在构建n阶判断矩阵时实际只需要给出矩阵对角线上三角中的判断数值即可。一级指标判断矩阵如表2-2-8所示。

表2-2-8 一级指标判断矩阵表

一级指标	行政审批业务维度	群众维度	内部管理维度	学习和发展维度
行政审批业务维度	1	2	3	4
群众维度	1/2	1	2	3
内部管理维度	1/3	1/2	1	2
学习和发展维度	1/4	1/3	1/2	1

运用MATLAB软件计算L镇为民服务中心聘用人员绩效评价体系的指标权重。一级指标权重分析结果如表2-2-9所示。

表 2-2-9　一级指标权重分析结果

一级指标	行政审批业务维度	群众维度	内部管理维度	学习和发展维度
权重	0.467 3	0.277 2	0.160 1	0.095 4
λ_{max}	4.031 0			
CR	0.011 6＜0.1			

根据以上判断矩阵构建方法和权重计算方式，我们可以类似地计算出四个维度关键绩效指标的权重，如表 2-2-10 至表 2-2-13 所示。

表 2-2-10　行政审批业务维度判断矩阵和关键绩效指标权重表

行政审批业务维度	服务效率	依法服务	标准化服务	一体化审批
服务效率	1	3	3	5
依法服务	1/3	1	2	3
标准化服务	1/3	1/2	1	2
一体化审批	1/5	1/3	1/2	1
权重	0.523 2	0.239 8	0.151 9	0.085 1

$CR=0.022\ 2<0.1$，判断矩阵的一致性可接受。

表 2-2-11　群众维度判断矩阵和关键绩效指标权重表

群众维度	实时满意度	投诉情况	后续奖励表彰
实时满意度	1	1	3
投诉情况	1	1	2
后续奖励表彰	1/3	1/2	1
权重	0.443 4	0.387 4	0.169 2

$CR=0.017\ 6<0.1$，判断矩阵的一致性可接受。

表 2-2-12　内部管理维度判断矩阵和关键绩效指标权重表

内部管理维度	岗位考勤	文明服务	行为规范
岗位考勤	1	2	3
文明服务	1/2	1	2
行为规范	1/3	1/2	1
权重	0.539 6	0.297 0	0.163 4

$CR=0.008\ 8<0.1$，判断矩阵的一致性可接受。

表 2-2-13　学习和发展维度判断矩阵和关键绩效指标权重表

学习和发展维度	自我学习	活动参与	创新举措	工作宣传
自我学习	1	1/4	1/3	1/2
活动参与	4	1	2	2
创新举措	3	1/2	1	3
工作宣传	2	1/2	1/3	1
权重	0.094 1	0.427 6	0.315 6	0.162 7

$CR=0.044\ 2<0.1$，判断矩阵的一致性可接受。

最后，对四个维度关键绩效指标的权重进行汇总，可以得到如表 2-2-14 所示的 L 镇为民服务心聘用人员绩效评价指标权重。为了方便后续的实际应用，将最终的绝对权重转化为百分比形式，且保留小数点后 2 位数字。每项分值均为 10 分制，在最后的汇总计算中，总分计为 100 分。

表 2-2-14　L 镇为民服务中心聘用人员绩效评价指标权重表

一级指标	权重	二级指标	权重	百分比权重
行政审批业务维度	0.467 3	服务效率	0.523 2	24.45%
		依法服务	0.239 8	11.20%
		标准化服务	0.151 9	7.10%
		一体化审批	0.085 1	3.98%
群众维度	0.277 2	实时满意度	0.443 4	12.29%
		投诉情况	0.387 4	10.74%
		后续奖励表彰	0.169 2	4.69%
内部管理维度	0.160 1	岗位考勤	0.539 6	8.64%
		文明服务	0.297 0	4.75%
		行为规范	0.163 4	2.62%
学习和发展维度	0.095 4	自我学习	0.094 1	0.90%
		活动参与	0.427 6	4.08%
		创新举措	0.315 6	3.01%
		工作宣传	0.162 7	1.55%

2.10 L镇为民服务中心聘用人员绩效评价体系的规范和优化

2.10.1 规范绩效评价流程

1. 制订绩效计划

L镇为民服务中心应根据当年行政审批业务的最新工作要点，对当年窗口工作的法律规定、标准化服务要求等内容进行核实、更新，确定聘用人员本年度的岗位目标。在绩效计划实施前，通过工作群向所有工作人员告知到位。

2. 日常监督评价

L镇为民服务中心聘用人员在明确绩效目标清单后，应当根据具体的得分项分解自身工作任务，提升工作效率和水平。L镇组织科、纪检监察科、作风办和为民服务中心负责人应当担负起监督责任，按照工作规范严格进行日常打分，为后续的绩效评价留存必要的证据和素材。

3. 实施绩效评价

以月为单位，每月结束后对上一整月每个聘用人员的绩效评价指标细项进行加减分汇总，以前文确定的基于平衡计分卡的绩效评价指标权重进行汇总，生成每个聘用人员的最终月度绩效评价分数。

4. 绩效反馈与面谈

在确认全体聘用人员的绩效评价分数后，将其报办公室复核和定稿，并在单位显眼处和工作群中进行公示，给予5个工作日的公示期以备出现申诉的情况。对于考核中发现的共性问题，要深入思考扣分原因所在，并与聘用人员当面沟通，了解是否需要调整指标或对全体人员进行着重培训；对于考核成绩不理想的人员，负责人要单独与其交流情况，敦促其根据绩效评价所示的不足尽快改正，并在后续的月度绩效评价中加以关注。

2.10.2 强化绩效评价结果激励作用

绩效评价的实施最终是为了能够全面、科学地反映聘用人员的工作情况，因此在L镇为民服务中心聘用人员绩效评价体系中设置一定的奖惩措施，促使聘用人员努力达到更高的绩效水平。

1. 绩效工资的分级设置

物质激励是绩效结果运用中与人员待遇联系最为紧密的部分之一。为了更好地激发L镇为民服务中心聘用人员创先争优的热情，将原有的年终绩效工资替换为每月的绩效奖，每月的绩效奖基数为原来年终绩效工资基数的十二分之一，具体的绩效奖系数如表2-2-15所示。同时，当月绩效评价分数高于95分的，无论排名情况如何，绩效奖额外增加500元；当月绩效评价分数低于60分的，当月绩效奖取消。

表2-2-15　L镇为民服务中心聘用人员绩效奖系数表

绩效评价分数排名	绩效奖系数
前10%	1.2
前10%～30%	1.1
前30%～50%	1.0
前50%～80%	0.9
后20%	0.8

2. 岗位等级晋升

按照目前L镇为民服务中心聘用人员晋升规定，聘用人员每3年晋升1级。为了更好地发挥绩效评价的正向激励作用，对本年度12次月度绩效评价中，有6次及以上排名为前10%的聘用人员，给予提前半年晋升的奖励。对本年度12次月度绩效评价中，有2次及以上低于60分的聘用人员，延后1年晋升。具体等级和工资系数核定如表2-2-16所示。

表2-2-16　L镇为民服务中心聘用人员等级和工资系数表

岗位等级	工作人员	副职	正职	基本工资系数
18级	—	—	34年及以上	1.51
17级	—	—	31—33年	1.48
16级	—	—	28—30年	1.45
15级	—	34年及以上	25—27年	1.42
14级	—	31—33年	22—24年	1.39
13级	—	28—30年	19—21年	1.36

续表

岗位等级	工作人员	副职	正职	基本工资系数
12 级	34 年及以上	25—27 年	16—18 年	1.33
11 级	31—33 年	22—24 年	13—15 年	1.30
10 级	28—30 年	19—21 年	10—12 年	1.27
9 级	25—27 年	16—18 年	7—9 年	1.24
8 级	22—24 年	13—15 年	4—6 年	1.21
7 级	19—21 年	10—12 年	3 年及以下	1.18
6 级	16—18 年	7—9 年	—	1.15
5 级	13—15 年	4—6 年		1.12
4 级	10—12 年	3 年及以下		1.09
3 级	7—9 年	—		1.06
2 级	4—6 年			1.03
1 级	3 年及以下			1.00

3. 引入退出机制

若聘用人员连续 2 年或累计 3 次延后晋升的，分管领导或部门负责人应及时与其进行面谈，了解情况。若聘用人员态度不端正、没有悔改意愿，应当予以辞退。

2.11 L 镇为民服务中心聘用人员绩效评价体系优化的预期效果测试

2.11.1 L 镇为民服务中心聘用人员绩效评价体系优化实施案例分析

在对 L 镇为民服务中心聘用人员绩效评价体系进行优化后，为了进一步检测该体系的实用性，现选取 L 镇为民服务中心窗口的两名聘用人员 X 和 Y，分析在原有的绩效评价体系和优化后的绩效评价体系下两人的绩效评价情况，从而判断优化是否能达到预期效果。

1. 人员介绍

X 为近 5 年招聘的聘用人员，岗位为综合服务岗。X 个人学习能力较强，工作效率较高，办件量名列前茅，业务的办理速度与同岗位同事相比明显更快。X 文字功底扎实，能够积极参与单位工作的宣传文稿撰写，但是工作中有时比较粗心，在材料归档时偶尔会犯小错误，同时由于业务工作量较大，繁忙时偶尔会顾不上整理办公用品，桌面略显杂乱。

Y 为工作超过 10 年的聘用人员，岗位为综合服务岗。Y 工作能力一般，但是做事较为细心仔细，在日常工作中很少犯错，办件量一般，略高于 L 镇为民服务中心平均办件量，但是办件速度一般，往往用时多于窗口平均用时。Y 虽然能够按时参加部门的各种会议、活动，但是对非强制的志愿活动等参与度不高。

2. 改进前绩效评价情况

（1）日常绩效评价情况。

2021 年 12 月的月度绩效评价中，X 共被扣 25 元，一是因为 2 次行政许可案卷归档不符合要求，扣 2 分；二是因为 2 次卫生工作不到位，扣 3 分（其中一次同时有私人物品摆放不到位问题，因此多扣了 1 分）。同时，虽然 X 当月撰写了 5 篇通讯稿被镇级公众号录用，还有 1 篇被市级媒体录用，但并未得到额外的加分。而 Y 在当月工作中没有出错，因此当月未被扣分。在原有的绩效评价体系下，X 的优秀之处被细微的错误抵消，甚至还被扣了部分工资；而 Y 虽然无功无过，但也不会被认为工作不积极。具体绩效评价结果如表 2-2-17 所示。

表 2-2-17 2021 年 12 月案例人员绩效评价结果汇总表（改进前）

绩效评价项目及分值	X 得分	扣分原因	Y 得分	扣分原因
岗位纪律（10 分）	10	无	10	无
行为规范（20 分）	17	2 次卫生工作不到位，扣 2 分；1 次私人物品摆放不到位，扣 1 分	20	无
参与活动（5 分）	5	无	5	无

续表

绩效评价项目及分值	X 得分	扣分原因	Y 得分	扣分原因
业务水平（40分）	38	2次行政许可案卷归档不符合要求，扣2分	40	无
标准化服务（10分）	10	无	10	无
工作量（5分）	5	无	5	无
工作服务效能（10分）	10	无	10	无
最终得分	95		100	

（2）年终绩效评价情况。

X 由于经常犯一些类似卫生工作不到位或归档不符合要求的小错误，因此在全年的 12 次月度绩效评价中满分并不多，在年终的民主测评中各位同事根据平时的月度评分印象打分时，并没有选择 X 作为优秀人选，部门负责人在推荐时也考虑到其小错误较多未推荐其为"优秀"等次；Y 则由于工作中没有什么亮点，民主测评成绩一般，因此也未获得优秀推荐。最终，X 和 Y 的年终绩效评价等次均为"合格"，获得基准奖金。由于最终公布的绩效评价结果并没有列示明确的得分情况，因此仅仅从绩效评价等次来看，完全无法判断两人的实际工作情况。

这样的案例是 L 镇为民服务中心绩效评价中非常常见的一类。一方面，年轻人因为头脑灵活、工作效率高，往往会有更大的办件量，但犯错的次数也有可能相应增多，这让他们可能比效率一般但不出错的同事被扣更多奖金，造成多做多错的结果，使得勤勉者不能得到应有的奖励，对工作效率低下者的激励作用也不明显。

3. 改进后绩效评价情况

根据改进后的绩效评价指标，以 X 为例，由于其办件量在所有工作人员中排名为前 10%，因此其在"服务效率"单项拿到了满分，按照权重计算后，仅这个单项他就能拿到 24.45 分。同时，其撰写的优质通讯稿也使得他在"工作宣传"单项得到了额外的有效加分，折合总分后又增加了 0.85 分。而其在案卷归档上的 2 个失误，折合总分后只有约 0.5 分的扣分；之前 X 被扣分的重要因素——卫生工作不到位的问题，虽然在绩效评价指标内占到了 10% 的扣分，但是由于该项占比仅有 2.62%，因此只造成了最终 0.26 分的失分。汇总后，X 的得分为 90.35 分，在同事中名列前茅。X 和 Y 2021 年 12 月的各项具体绩效评价得分如表 2-2-18 所示。

表 2-2-18 　 2021 年 12 月案例人员绩效评价结果汇总表（改进后）

一级指标	二级指标	X 得分	Y 得分
行政审批业务维度	服务效率	24.45	18.09
	标准化服务	10.75	11.20
	依法服务	7.10	7.10
	一体化审批	3.98	3.98
群众维度	实时满意度	12.29	12.29
	投诉情况	10.74	10.74
	后续奖励表彰	0.00	0.00
内部管理维度	岗位考勤	8.64	8.64
	文明服务	4.75	4.75
	行为规范	2.36	2.62
学习和发展维度	自我学习	0.36	0.36
	活动参与	4.08	4.08
	创新举措	0.00	0.00
	工作宣传	0.85	0.00
最终得分		90.35	83.85

12 月，X 得分排名在 L 镇为民服务中心前 10%，可获得系数为 1.2 的绩效奖；Y 得分排名在中心 30%～50%，奖金系数为 1。由此可见，引入平衡计分卡后，L 镇为民服务中心的绩效评价结果对于重要的绩效评价项目有更加明显的侧重，确保绩效评价分数能拉开差距。表现优异者能获得更多的物质奖励，激励作用充分发挥；工作一般但能基本完成工作者也能取得正常水平的绩效奖，并不会导致消极怠工的情况发生。

2.11.2 优化后绩效评价体系的优势分析

通过具体指标内容和指标权重的修正，新的绩效评价体系更多考虑到 L 镇为民服务中心的工作实际，更加契合其"为民服务"的宗旨。

1. 绩效评价指标设置更贴合工作实际

一方面，将原有的 7 个一级指标对应数个具体评分项的评分标准细化为 4 个一级指标、14 个二级指标对应具体细则的绩效评价评分框架，使得绩效评价内容在类别上能够全覆盖，分类也更为明晰；另一方面，针对原有的绩效评价体系中绩效评价分数拉不开差距的问题，根据各项绩效评价指标在聘用人员工作效能评价中的重要性设置了不同的权重，确保最终的总分能反映出被评价人员本职工作的整体完成情况。值得一提的是，在行政审批业务中权重最大但在实际判定中最容易出现分歧的"服务效率"部分，创新地设置了综合业务办理效率概念，保障了 L 镇为民服务中心聘用人员绩效评价中不会出现因完成困难的任务而得分偏低的情况。

2. 绩效评价体系设置更加科学、全面、易操作

为民服务中心的工作就是和群众打交道，功在日常。每月汇总绩效评价分数并根据绩效评价结果发放月度绩效奖对 L 镇为民服务中心聘用人员的日常工作管理更为直观有效，并通过统计年度的历次绩效评价情况来核定年终绩效评价成绩，将原本割裂的日常绩效评价和年终绩效评价整合到一个全面、规范的绩效评价体系中，也更加容易操作。同时，由于分数设置和绩效评价结果的产生都有具体的量化要求和明确标准，也有利于聘用人员对照标准进一步弥补不足、提升服务效能。

3. 绩效评价体系对长期发展更具意义

原有的绩效评价指标体系基本上都围绕着 L 镇为民服务中心聘用人员的日常工作，在新的绩效评价指标体系中引入了全新的学习和发展维度，使得聘用人员在关注日常工作业绩的同时，更加注重自身的能力培养和素质提升，有利于打造群众满意度高、服务效率高、可持续发展的行政审批队伍。同时，引入了绩效评价结果与职级晋升挂钩的机制，能充分调动 L 镇为民服务中心聘用人员的工作积极性，对营造良好的工作氛围、践行为民服务中心"为民服务"的宗旨具有长远意义。

案例3 基于平衡计分卡的社区绩效评价指标体系设计——以S市Y街道为例

3.1 研究背景

基层社区是社会治理和服务群众的"最后一公里"。2017年6月，《中共中央、国务院关于加强和完善城乡社区治理的意见》明确指出城乡社区治理事关党和国家大政方针贯彻落实，事关居民群众切身利益，事关城乡基层和谐稳定。党的十九大、党的二十大报告也提出完善社会治理体系，打造共建共治共享的社会治理格局，推动社会治理重心向基层下移。2021年是"十四五"开局之年，"十四五"规划纲要里面提到的"社会治理特别是基层治理水平明显提高"将被列为经济发展的主要目标之一。由此可见，基层社区治理既是"小切口"，也是关乎全局的"大课题"。

社会治理问题日趋复杂。一方面，自改革开放以来，我国的经济、社会、文化等方面均取得了飞速发展，城镇化速度明显加快，在社会转型过程中，人口集群方式也从传统的农业村居关系，更多转变为结构更为复杂的城市社区居住关系；另一方面，随着社会蓬勃发展，人民对美好生活的需求越来越广泛。这些都要求基层治理工作朝着更高标准、更高水平迈进。在此过程中，基层社区的内涵及其承担的职能正在进一步扩展。目前，城市社区往往要承担基层党建、创文创卫、法治、安全、环保等多维度、多方面的工作。

俗话说："上面千条线，下面一根针。"目前，每个城市社区配备8~10名工作者，根据社区规模大小有所浮动。社区工作者需要对接上级街道约17个机构，其中包含约40个条线的工作任务，每名工作者需要承担5—6项常规业务，并需要及时做好居民矛盾化解、灾害预防等复杂工作。在人少事多的紧张局面下，一方面对社区工作者的综合素质与能力提出了更高的要求；另一方面则要确保社区工作者工作积极性能够被充分调动，谨防人浮于事、尸位素餐等情况出现。这就需要社区紧密围绕发展目标、锚定中心任务开展工作,而绩效评价体系的设定能够形成更有针对性的指引。

目前,我国在社区绩效评价方面的探索相对较少,仍然处在起步阶段。根据我国基层社区的行政化特征,大多数街道对社区的绩效评价参照或采用政府部门绩效评价办法,评价方法相对缺乏科学的理论支撑,在具体的评价指标体系构建上存在一定程度的不适配、粗线条等问题;在具体的指标设置上缺乏对服务性内涵的有效突显,中长期发展导向不够明显,指标的覆盖面有待扩大、代表性有待增强。因此,寻找与社区组织匹配的科学理论,探索、建立符合社区发展现状的绩效评价指标体系,充分激发社区工作活力,成为当下的重要课题。

3.2 S市Y街道基本情况

3.2.1 S市基本情况

S市地理环境优越,位于三角洲北翼、J省北部,既是交通枢纽城市,也是都市圈、生态经济区域核心城市、"一带一路"节点城市。S市下辖市辖区2个、县3个,同时市内包含功能区(园区)4个,有67个乡(镇)和28个街道办事处,总面积达8 555平方千米。城市范围内平原辽阔,土壤优质,河湖丰富。

S市近年来取得了高速发展,从"不拖全省后腿"向"为全省多做贡献"逐步转变。2021年年末,S市常住人口为499.90万人,地区生产总值为3 719.01亿元,税收总收入为465.04亿元,一般公共预算收入为267.82亿元,社会消费品零售额为1 460.36亿元,年进出口额为69.70亿元,人均可支配收入为13 479元。"十四五"期间,S市加速推进"四化"同步集成改革示范区建设,把"改革创新先行区""三角洲先进制造业基地""J省生态大公园""全国文明诚信高地"发展定位作为推动高质量发展、加快现代化建设的"总抓手",各领域工作取得新进展。

3.2.2 Y街道基本情况

Y街道位于S市主城区,设立于2014年,属于区域内较为年轻的新设街道，地处城区中西部，截至2021年，行政面积达29平方千米，辖区内有4座运河大桥，4条社区主干道纵横辖区内。Y街道下辖居民社区9个、居住小区46个，常住人口8万余人，基础建设面临的情况复杂、类型多样，包含多个商贸集散中心及大型综合性广场。辖区内有多幢商务楼房。辖区内的小区既包含高档商品房小区，也有老式公房小区，还保留不少拆迁小区。Y街道整体呈现出商业街区、居民小区交融的特点，同时Y街道也是所在区域政治、经济、文化和商贸中心。

3.2.3 Y街道下辖社区基本情况

1. 下辖社区构成

截至2021年，Y街道下辖9个基层城市社区。由于城市化进程不一，各个社区在功能定位、规模、小区住宅、商业发展等方面存在差异。部分社区重点承担电子商务产业园区管理事务，人口流动较频繁；部分社区商业较为发达；部分社区存在少许农业事务；部分社区成立时间较早，老旧小区集聚。因此，不同社区在工作重点等方面存在一定差异，但总体发展方向、城市化推进目标，以及治理服务等方面的工作内容及方式大致相同。从共性角度来看，相较于发达地区，Y街道大部分社区城市化进程相对滞后，各项城市生活配套和治理体系尚有优化完善空间。

从社区工作力量和队伍建设情况来看，根据工作需要和职能分工，每个社区均配有书记、主任、会计、党委委员、居委委员、普通社区工作者等。社区党组织书记、副书记、委员由社区党组织如期选举产生；社区居委会主任、副主任、委员由社区居委会如期选举产生，任期5年。社区党组织书记和居委会主任通常是"一肩挑"。社区会计由街道组织科根据工作需要直接考察任命。普通社区工作者由区民政局会同区委组织部按程序统一招考。截至2021年，Y街道共有111名社区工作者。根据社区所辖小区数量和区域大小，人员力量大小有差异。Y街道共有社区书记、主任9名，其中3名书记享有事业编制。社区工作者中有男性67名，占60.36%，女性44名，占39.64%；党员89名，占80.18%，非党员22名，占19.82%；30周岁以下36名，占32.43%，45周岁以上39名，占35.14%；大专及以下学历80名，占72.07%，本科及以上学历 31 名，占 27.93%；社会管理相关专业 26 名，占比 23.42%；28 名社区工作者已取得社会工作者职业资格证，占比 25.23%；每年各类集中培训在社区工作者中覆盖率约为 30%。

总体来看，社区工作队伍呈现"三多"特点，即男性多、党员多、大专及以下学历多。从年龄结构上讲，目前青年人数偏少，存在社区后备力量不足问题。从整体功能上讲，目前存在"三不足"问题，即人员力量不足、专业能力不足、培养提升不足。社区工作队伍的经验和能力能够大致服务社区日常事务，但理论功底和专业水平方面仍存在明显的短板、弱项。因此，Y 街道在人员培养管理方面有待进一步加强。

2. 下辖社区主要工作内容

社区的服务领域较为宽广，内容比较丰富，主要可以分为行政工作和服务工作两大类别。

行政工作主要包含党的建设、产业发展、社会治理、底线工作等。在党的建设方面，社区党组织建设是打基础工作，具有重要意义。对于城市社区来说，广大基层党员群众是重要的服务对象，归根结底，我们必须依靠基层党组织更好地团结和组织群众，更好地调动和发挥群众的积极性。在产业发展方面，城市社区承担的经济发展任务整体不重，主要集中在社区房屋租赁方面，但 Y 街道整体承担着较重的地块清收任务，社区工作人员也承担相关工作。在社会治理方面，近年来基层社会治理越来越重要，在推进网格化管理等工作的过程中，社区作为主要阵地，承担着较重的任务。在底线工作方面，社区与街道相同，都承担着辖区内的安全生产、生态环保、疫情防控（本研究在疫情防控期间进行）等重点任务。处于中心城区，Y 街道下辖社区具有商业规模较大、城市建设项目较多、人员集聚较密等特点，在安全管理、疫情防控等方面的压力明显高于乡镇村、社区。

服务工作是直接面对群众的重点职能任务，内涵丰富，范围广阔，且大部分工作具有常态性、烦琐性。按类别划分，服务工作可以分为以下几大类：一是整体环境建设，主要包括居住环境维护、安全保障、文化教育氛围营造、软硬件设施提升等；二是面向社区居民的便利性服务，如证明材料提供、证照办理、就业帮扶等；三是面向特殊群体的福利照顾,具体包括老少群体照料、困难群众帮扶、特殊政策宣传落地等。

3.3 Y街道下辖社区绩效评价制度运行现状分析

3.3.1 实地访谈情况

根据研究需要,在调查过程中,以深入了解Y街道下辖社区绩效评价运行现状与改进方向为目的,从街道制度制定实施主体、社区工作者实施客体、居民监督主体三个角度,分别与街道工作人员、社区工作者、社区居民进行分类侧重式访谈交流。

在具体访谈过程中,重点围绕Y街道下辖社区现有绩效评价制度与相关指标体系设计情况、制度实际运行情况与相关成效、当前社区工作开展实际效果与差距、目前绩效评价与指标体系存在的不足及相关原因、下一步改进方向等五个方面,设计结构式访谈提纲,分别与5名街道工作人员、10名社区工作者、10名社区居民进行面对面交流,其中受访者性别、政治面貌等可能影响结果的因素根据受访者类别进行控制。

访谈提纲主要内容包括:① 请问您是否了解街道针对社区实施绩效评价(目标管理)的相关制度安排,请简要介绍相关制度与评价指标设计情况,如了解,可重点介绍制度设计的过程和目的。② 请问您认为当前街道对社区的绩效评价(目标管理)相关工作运行效果如何,是否能够按照制度设计初衷发挥作用,如果了解,可详细介绍实际操作过程中绩效评价各环节的实施情况。③ 请问您认为社区工作主要包含哪些方面的内容,请按照重要性进行适当排序。④ 请问您认为当前街道、社区的工作实际开展成效如何,能否有效满足街道发展要求、社区功能定位要求、居民生活需求,您认为当前社区亟待改进、提升的主要是哪些方面的工作,具体哪些原因造成当前工作的不足。⑤ 请问您认为当前街道对社区绩效评价(目标管理)相关制度和指标体系的设计能否对社区主要工作产生促进作用,您认为哪些方面还存在一定差距。⑥ 请问您认为绩效评价指标体系设计仍需要在哪些方面进一步优化改进。如社区居民不了解相关制度,提供背景资料作为参考。

根据访谈结果，在进一步了解街道当前绩效评价相关制度与指标设计情况的基础上，也更进一步掌握干群对于社区绩效评价相关工作的认识。从制度了解程度来说，在街道工作人员中，仅具体实施绩效评价的相关人员对制度设计有一定了解，其他人员对制度具体内容和指标设计了解不多；在社区工作者中，大多对自己条线职责内的绩效评价内容较为熟悉，对整体内容的了解不是很深入；在社区居民中，对社区主要工作有一定了解，对绩效评价过程中部分涉及群众测评的事项有一定印象，但总体了解较少。从绩效评价指标体系来说，大部分受访者认为一级指标（党的建设、居民服务、城市环境等）能够与社区工作主要内容相贴近，但从指标分数上难以区分工作主次，且下设具体指标代表性不强，难以全面反映该项工作，另外，大多数指标在评价过程中主观性较强，难以通过客观数据佐证评分。从绩效评价实施角度来说，大部分受访者认为绩效评价的程序落实程度尚有差距，难以完全按照制度设计实施，主要原因在于：一方面，街道下辖社区较多，绩效评价工作主要在工作集中的年末进行，街道负责绩效评价工作的人员相对较少，难以按照既定程序完全落实；另一方面，绩效评价的手段更多以实际工作成效进行判断，测评等客观数据的测量、调阅因较为复杂，难以完全落实到位；此外，相关绩效评价的背景和结果反馈较少。从绩效评价实际效果来说，大部分受访者认为绩效评价对社区实际工作具有一定的促进作用，但是整体导向性和激励效果仍要进一步加强；在指标体系的设计上仍要进一步提升系统性、代表性；在具体指标的设置上要考虑评价的客观性和简便性；绩效评价知晓率不高、结果反馈不及时、缺乏评价监督等问题仍然存在。

3.3.2 问卷调查情况

基于资料调查所掌握的制度设计基本情况，以及实地访谈所取得的基础信息，进行问卷调查，进一步分析Y街道下辖社区绩效评价制度运行现状，为后一阶段绩效评价指标体系优化及相关保障措施制定找准方向。在问卷调查开始前，首先围绕以下几个方面进行具体准备。① 进行调查策划工作。进一步明确问卷调查的目的，即分群体了解当前绩效评价的现实运行情况，发现存在的问题并找到下一步优化改进的方向。进一步明确工作开展的具体时间、参与人员、问卷实施的形式和所需的耗材资源，做好调查过程中可能出现特殊情况的应急预案。② 制定并完善相关调查内容。针对目前已经掌握的信息，确定问卷的具体形式和问题。问卷分为四个板块：一是基本信息收集板块，掌握受访者所处的群体、政治面貌、性别、工作性质，以做好后期干扰项排除；二是现状评价板块，主要采取评分式问卷，针对指标设计、制度设计、执行情况等方面设计问题，请受访者进行1—5分评分，掌握运行情况，发现问题与不足；三是改进方向板块，以结构化多选项问卷为载体，了解不同群体对绩效评价发挥作用、评分标准、指标设计等方面的认知和需求；四是问答式问题，不框定意见范围，请受访者提供指标体系优化构建的思路和意见。③ 调查方案的设计。采取电子问卷形式进行调查，抓住街道、社区集体会议、党员活动日等机会，组织发动街道工作者、社区工作者填报问卷，提供意见，并通过各社区小区业主居民群、网格化治理工作群、社区党员群等线上平台积极组织发动社区居民参与问卷调查。

根据研究主题及Y街道当前绩效评价制度有关情况，设计了调查问卷（附录五）。根据前期问卷设计和调查组织计划，在街道、社区的积极配合下，累计回收238份受访者调查问卷，均填写有效，其中受访者年龄以23—50岁为主，占主体填报人员的67.65%。受访者中包含街道工作者13名、社区工作者26名、社区居民199名；包含中共党员96名、共青团员32名、民主党派人士17名、群众93名；包含军人、机关事业单位（含教师、医生）工作者23名，国企工作者147名，民营企业工作者17名，个体工商户、服务业从业者22名，自由职业者19名，学生10名。在获取问卷调查结果后，通过Excel、SPSS等软件进行统计分析，并根据统计结果进行处理，具体获得描述性统计结果如下。

1. 社区绩效评价工作知晓率和参与度相关情况

从表2-3-1可以看出，社区绩效评价知晓率整体不高。在问卷调查过程中，42.44%的受访者表示对社区绩效评价工作仅有"基本了解"以下程度（2分及以下）的知晓；51.68%的受访者不太了解或完全不了解（2分及以下）社区工作在街道的整体排名位次；社区绩效评价的参与率相对较低，没有广泛征询社区工作相关方意见，45.80%的受访者完全没有被征询过绩效评价相关制度设计方面的意见或者不清楚此事（2分及以下）。

表 2-3-1　社区绩效评价工作知晓率和参与度相关问题统计表

评价分值	5	4	3	2	1
是否了解社区绩效评价	6.72%	23.53%	27.31%	35.71%	6.73%
是否了解本社区工作在街道的整体排名位次	7.14%	20.59%	20.59%	42.86%	8.82%
是否有过被征询绩效评价制度设计意见的经历	10.92%	13.45%	29.83%	27.73%	18.07%

2. 社区整体工作运行及绩效评价制度运行相关情况

从表 2-3-2 可以看出，当前社区绩效评价整体运行有效，社区整体工作面貌较好，能够有序、有效履职。在社区绩效评价方面，36.13%的受访者认为社区当前绩效评价模式对社区整体工作激励效果一般或者不具有激励效果（3分及以下），54.21%的受访者表示社区当前绩效评价指标在权重划分上仅基本合理或者存在不合理（3分及以下），44.96%的受访者认为社区当前绩效评价方式基本有效或者不太有效以及无效（3分及以下）。在社区工作履职能力方面，53.37%的受访者表示对所在社区当前的工作状况满意或者完全满意（4分及以上），53.78%的受访者认为所在社区目前工作方向较为明确或者非常明确（4分及以上），仅有10.67%的受访者认为社区当前工作开展情况难以满足社区居民各方面生活需求（2分及以下），仅有5.12%的受访者表示社区当前工作成效不能够满足街道发展要求（2分及以下），58.97%的受访者认为社区当前绩效评价指标与社区发展工作目标一致或完全一致（4分及以上）。

表 2-3-2 社区整体工作运行及绩效评价制度运行相关问题统计表

评价分值	5	4	3	2	1
社区当前绩效评价模式是否对社区整体工作具备激励作用	13.45%	50.42%	25.21%	6.72%	4.20%
社区当前绩效评价指标权重划分是否科学合理	8.40%	37.39%	45.38%	7.56%	1.27%
社区当前绩效评价方式是否合理有效	9.66%	45.38%	36.55%	7.14%	1.27%
对所在社区当前的工作状况是否满意	15.13%	38.24%	39.50%	5.46%	1.67%
所在社区目前工作方向是否明确	17.23%	36.55%	32.35%	10.92%	2.95%
社区当前工作开展情况能否满足社区居民各方面生活需求	12.00%	36.44%	40.89%	8.89%	1.78%
社区当前工作成效能否满足街道发展要求	17.95%	35.90%	41.03%	5.12%	0.00%
社区当前绩效评价指标与社区发展工作目标是否一致	20.51%	38.46%	38.46%	2.57%	0.00%

3. 社区当前工作改进建议收集情况

从表 2-3-3 可以看出，截至 2021 年，社区重点开展且投入时间和精力较多的工作主要是党的建设、居民矛盾调处与秩序维护、社区文明建设、生活环境维持四个方面，在相应工作中取得一定成效。此外，本研究在疫情防控期间进行，社区疫情防控工作在当前阶段同样占据了社区大量工作时间。从结果来看，疫情防控工作在研究期间取得成效较为显著，但就整体需求侧而言，相比于当时工作取得的成效，社区在基础设施建设与维护、生活环境维持、社会安全维护等服务主业方面仍需要加大投入力度，提升工作质效。在资产经营方面，创业创收并非社区工作重点内容，受访者普遍认为社区在此投入精力较少，工作效果不太明显，但是仍需要在后期进一步改进。

表 2-3-3 社区当前工作改进方向相关问题统计表

工作内容	当前最主要工作内容	花费时间最多的工作	成效最显著的工作	当前最需要改进的工作
党的建设	31.09%	32.35%	36.97%	19.75%
居民矛盾调处与秩序维护	52.94%	43.70%	38.24%	39.08%
社区文明建设	56.30%	45.38%	43.28%	46.64%
生活环境维持	47.06%	46.22%	40.76%	46.64%
社区安全维护	31.51%	28.57%	31.93%	30.67%
疫情防控工作	25.21%	45.38%	43.70%	13.87%
基础设施建设与维护	23.11%	16.81%	10.50%	38.66%
资产经营	0.84%	1.68%	2.52%	8.82%

4. 社区绩效评价工作改进建议收集情况

在问卷调查过程中，对社区当前绩效评价工作开展目的和主要进行方式进行了解，67.65%的受访者表示绩效评价应当激励社区提高工作质量，63.87%的受访者认为绩效评价的主要目的在于明确社区工作方向和重点，45.80%的受访者认为绩效评价应当推动实现社区中长期发展目标。从绩效评价方式来看，当前社区主要采用组织公开测评、实施访谈调研、开展实地检查、调阅纸质台账资料等方式，利用大数据等现代技术手段相对较少，方式相对而言较为传统，手段主观性较强，客观量化的方式较少。

3.3.3 社区绩效评价现行制度规定与基本运行情况

Y街道参照城区高质量发展考核相关办法，结合确定各项工作目标，根据Y街道实际情况及各工作条线意见，于2021年制定了《Y街道高质量发展考核办法》（以下简称《办法》），考核对象主要针对社区组织，考核结果适用于社区组织及社区纳入专职化管理的工作人员。

同时，《办法》强调要加强考核工作中的组织领导，在街道成立考核工作领导小组，由街道党工委书记担任组长，办事处主任担任副组长，其他领导班子成员担任小组成员。在考核工作领导小组下设办公室,由党政办公室扎口管理,具体负责组织协调年度综合评估工作,定期部署推进相关工作,协调解决考核过程中的问题,议定有关重要事项。

考核内容主要包括党的建设与推进高质量发展两个部分。其中,推进高质量发展考核指标分值合计为100分,另设加减分项,根据实际情况计算;党的建设考核指标分值合计也为100分。考核权重实行"乘数计分法",推进高质量发展考核指标根据实际情况计算得分,党的建设得分除以80,形成乘数α,再将α乘以推进高质量发展考核指标分值,得到年度综合考核最终得分。按各项指标完成情况计算得分,考核以推进高质量发展和党的建设考核指标体系和各条线制定的考核办法为依据。

在结果运用方面,设综合先进奖和目标管理完成奖,年度综合考核结果分为"一""二""三""四"四个等次。根据年终综合考核得分,分别评定第一、第二、第三等次,其中第一等次不超过被考核总人数的30%;另根据考核排名情况设置9个单项奖。纳入专职化管理的社区干部("两委"人员、专职工作者等)综合先进奖和目标管理完成奖的奖励基数为3 000元/人;获得综合先进一等奖的奖励上浮30%,每降一个等级奖励下浮10%,单项奖奖励按2 000元/项发放。

同时,健全日常考核和年度考核的目标推进机制,加强过程管理和考核评价,月度通报社区高质量发展量化指标完成情况,每季度对发展建设、生态环保等指标实行评价。

从实际运行情况来看,当前的绩效评价体系主要基于关键事项,对重点事项进行了评价,通过出台明确的考核办法,点明了考核的重点方向与发展的着力点,在一定程度上激发了社区工作者的工作热情,对社区进一步发展起到了一定的促进作用。

3.4 Y街道下辖社区绩效评价中存在的问题分析

3.4.1 绩效评价指标体系战略导向性不明确

事物是不断变化的,街道及社区的发展阶段和现实状态也在不断变化,要想充分发挥绩效评价的"接力棒"作用,绩效评价同样需要引入动态观念，以长远发展规划指导当前绩效评价工作，以绩效评价指标反映工作导向，推动实际工作开展，最终推动社区整体发展朝着既定目标前进。

绩效评价的导向性主要依靠绩效评价指标来实现，只有确定了"考什么"，才能指引组织和个人进一步分解目标，合力实现目标。但是，当前Y街道在对社区绩效评价指标体系的构建中，仅仅按重点工作进行指标大类划分，如产业发展、人居环境、社会治理、牢守底线等，缺乏对社区中长期发展战略的明确体现，难以从指标内容上反映社区的主要功能定位。

根据问卷调查结果，41.02%的受访者反映社区当前绩效评价指标与社区当前主要工作内容存在不一致，且25.21%的受访者认为社区当前绩效评价模式对社区整体工作具备的激励作用一般，51.56%的受访者认为社区当前工作开展情况仅基本能够或不太能够满足社区居民各方面生活需求，46.16%的受访者认为同样只基本能够或不太能够满足街道发展要求。

根据访谈结果和日常了解发现，在指标具体评价内容中，部分指标没有对工作的预期标准提出要求，工作的推进方向不够明确。以人居环境指标为例，人居环境下设6项指标，其中文明城市常态长效建设指标的评价内容是按测评标准常态开展建设，出现市区检查通报问题的情况，每例扣1分；街道长效办交办问题未及时整改的，一次扣0.2分；新时代文明实践站建设未达标，扣0.5分。其余多项指标以出现通报问题等扣分项目为评价内容，缺乏对人居环境提升方向的内容描述和加分项目。如此评价容易让社区工作者产生"求稳"思想，不利于社区工作整体提质，也与Y街道提出的"精致、幸福"战略要求不匹配。

3.4.2 绩效评价制度设计缺乏系统性

随着时代发展，对基层社会的治理要求越来越高，社区工作的内涵在不断丰富，同时涉及上级街道、社区工作者、社区居民等不同主体的参与。在社区工作实际开展过程中，应当兼顾不同参与主体与不同层面的需求，而绩效评价作为推动工作的有力抓手，更应该系统考虑不同层面对绩效工作的要求，统筹考虑不同工作的社区资源消耗与产出关系，统筹考虑各项工作对社区发展的实际作用。

当前绩效评价在系统性方面仍然有所不足。从制度设计层面来看，一是对社区工作各参与主体的需求统筹考虑不够，没有很好地兼顾社区功能定位、街道发展要求、居民生活需求。从制度及相应指标体系制定过程来看，制度主要依据街道各工作条线的意见制定，虽然会事先征求社区工作者的意见，但社区工作者意见的采纳度并不高，且往往没有注重征求社区居民的意见。在问卷调查中，46.64%的受访者给所在社区当前的工作状况打出基本满意及以下的评价，42.43%的受访者反映对社区绩效评价有关工作不太了解，45.80%的受访社区工作者和居民反映从未被征询过绩效评价制度设计相关意见。从指标内容来看，目前指标评价内容主要针对社区行政工作开展情况，对社区服务功能方面的评价相对较少，服务功能往往融入行政事务中一同考核，指标体系中没有对服务内容和质效的专门描述。二是对社区各类工作性质的判断、划分不够准确。社区面临基层党建、社会治理、人居环境、居民服务等方方面面工作，有的是项目化工作，工作任务较为集中，进度与完成质量评判标准相对明确，容易出亮点；有的是日常业务性工作，工作任务相对零散，常态化开展，耗时费力不易产生明显成果。对于各类别的工作在评价赋分、评价方式等方面目前未体现区分，如阶段性工作招商引资线索提供在现有高质量发展考核指标中被赋予 10 分，但城市禁燃这种费时费力的常态工作仅被赋予 4 分，且考核方式没有过多区分，对于社区热线接访、社区居民日常困难化解等常规工作在评价中没有体现。在问卷调查中，41.02%的受访者反映社区绩效评价指标与社区当前主要工作内容仅基本一致或不太一致，54.20%的受访者反映社区当前绩效评价指标权重划分不太合理，也为上述情况提供了佐证。

从制度运转层面来看，当前的绩效管理缺乏系统的实施，没有形成绩效计划、实施、评估和反馈的闭环，特别在绩效计划和绩效反馈方面没有实质性进展，绩效评价的结果没有实质化应用，激励效果难以真正实现。

3.4.3 绩效评价指标体系对重点工作覆盖不全面

有效的绩效评价首先依赖完善、科学、合理的绩效评价指标体系，但是目前 Y 街道下辖社区的绩效评价工作仍然存在全面性不足的问题。在问卷调查中，36.55%的受访者反映了"评价指标难以全面涵盖社区主要工作"这一问题。当前，Y 街道的社区绩效评价指标体系主要包括党建、行政等方面的指标，且仅对年度重点工作进行绩效评价。一方面，服务作为社区的主要功能之一，因其大部分为日常工作，在绩效评价指标体系中体现不够，容易造成社区工作者围绕考核、忽视服务提质增效等问题。另一方面，绩效评价对于应急性工作和亮点工作的考核嘉奖不够，没有体现平时考核、及时考核的优势性。同时，对于基层社区取得上级表彰的突出亮点工作，根据奖励级别和实际情况，街道领导班子研究确定奖励分值，缺乏相关评分细则，相关评价标准仍需进一步细化。

3.4.4 绩效评价指标权重划分与工作实际结合不紧密

严谨科学的绩效评价指标体系能够有效反映工作实际开展情况，权重的分配对绩效评价的科学性、有效性至关重要，应当结合实际，综合应用多学科理论知识，以统计分析等具体方式、方法进行指标权重划分。在 Y 街道下辖社区绩效评价的指标体系中，基本每个指标都以赋分形式划定权重，但是当前指标赋分主要参考上级部门考核分值，与社区工作实际结合不紧密。在问卷调查中，54.20%的受访者认为当前的绩效评价指标权重划分仅仅基本合理或存在不合理情形，21.01%的受访者提出指标权重划分应当突出工作重点这一建议。结合访谈掌握的情况，总结相关问题，突出表现在以下几个方面。

1. 指标权重确定过程科学性不强

一方面，Y 街道在实际设置指标确定权重时，大多参照区级行政事业单位目标考核指标体系设置，一级指标在赋分时参照区级指标体系中的分值比例。区级考核主要针对行政事业单位，考核工作范围更为广泛，考核指标设置更为全面，而街道考核主要针对下辖社区。社区作为居民自治组织，与行政事业单位相比，在组织性质上有一定区别，在工作内涵与工作覆盖面上有较大差异，不能简单套用比例进行换算赋分。另一方面，由于各指标下设的细分指标主要参照街道各工作条线制定，缺乏专业人员参与指导，细分指标的赋分科学性有待进一步加强。

2. 基层党建赋分分值过高

基层党建工作对于社区的发展具有引领作用，在社区工作中发挥着举足轻重的作用。目前，Y街道在设计指标体系过程中参照市区级层面考核，高质量考核与党建考核分开，通过乘数计分法计算得出结果，即年度综合考核得分＝高质量发展考核得分×（党建考核得分÷80）。因为乘数效应的制度设计，党建工作体现出远超其他领域工作的重要性。但该方法在党建工作范围较为广泛的市区层级的适用性与科学性更强，单一社区基层党建工作因其覆盖面有限，从工作量级来看难以与市区级党建工作相比较，因此乘数计分法在一定程度上放大了党建工作的重要性。

3. 社会治理赋分分值相对较低

社区是社会的基本单位，肩负为民服务"最后一公里"的重要职责，提升社区治理能力和治理水平十分紧要。但是，在当前Y街道下辖社区绩效评价指标体系中，社会治理指标权重在高质量考核体系4项一级指标中赋分最低，且社会治理中指标设置多以保障性、底线性的指标为评判依据，没有有效凸显社区治理能力提升的重要性，也没有对新时期社会治理能力新要求做出体现。

4. 牢守底线赋分分值虚高

目前，牢守底线在高质量考核体系4项一级指标中排名位居第二，仅次于产业发展。疫情防控、安全生产、环保工作、信访稳定工作作为牢守底线工作，重要性较强。但牢守底线工作作为负向监测指标，放在整体工作过重的位置中，容易形成把最低标准作为最高要求的错觉，容易形成工作求稳怕乱的导向，不利于社区改革创新、锐意进取，不利于推动社区整体工作上台阶、出成果。

3.4.5 绩效评价结果客观性不强

根据问卷调查结果，18.91%的受访者提出当前绩效评价客观性不强，18.49%的受访者提到定性和定量指标分配要更加合理，相关问题主要体现在以下两个方面。一是考核方式不够客观。虽然根据制度要求，Y街道采用日常考核与年度考核相结合的方式推进绩效评价工作，但当前 Y 街道绩效评价实际上仍主要依据年度评价进行开展，时间周期较长，缺乏及时性考核、平时性考核，不容易全面、充分掌握考核所需的现实表现材料。考核组织方式很多是一次性考核，通过报送台账资料、填表等方式，缺乏实地考核。考核方式一般仅仅由上级街道具体实施，单项指标考核多由街道具体条线科室负责，在考核过程中较少参考同级以及社区居民的考核意见。上级审查式考核容易根据个人偏好和主观裁量权进行判断，很大程度上容易影响考核结果。二是指标考核内容客观性不强。虽然当前大部分指标在评分时采取量化方式，但在具体评分标准上仍然存在不够精确等情况。例如，高质量考核加分项的表述为"获得上级表彰、重点项目工程建设保障、房屋征收、项目招引等，根据获奖等级与任务量等实际情况，由三套班子集体研究意见给予加分，加分上不封顶"；"创新网格化治理工作"评分标准为"按照网格化考核办法评分"。诸如此类评分细则和加减分边界不明确的地方，更容易掺杂主观评价色彩，影响考核的最终结果。

3.5 Y 街道下辖社区绩效评价中存在问题的成因分析

3.5.1 缺乏对社区发展战略的深入分析

目前，Y 街道提出了创建"创新、开发、精致、幸福"的"四有街道"发展战略，围绕发展战略，Y 街道坚持以改革创新作为第一动力，不断突出"党建为民"，扎实推进党建责任履行，抓好招商引资，为产业发展蓄力，做好城市面貌更新，建设各类配套设施，不断巩固脱贫、环保、防疫、安全等工作成果，各方面工作取得一定进展。但是，Y 街道还未能将发展战略层层分解、层层落实，对于社区尚未形成较为明确的发展思路；对于社区的主要发展方向和主要工作内容缺乏战略性把握，没有形成行之有效的中长期发展规划，愿景和蓝图不够清晰，在社区实际工作开展中难以勾画出明确的远景目标，社区工作者在实际开展工作时缺少明确的目标指引。绩效管理的意义就在于持续优化组织及个人的绩效成果，从而推动实现组织战略。在社区工作战略导向不明确的情况下，绩效评价缺乏明确的评价对象，难以聚焦重点、靶向发力，在设置评价指标过程中难免陷入"东一榔头，西一棒子"的困境，产生社区主责主业未被有效纳入评价范围、行政工作占据大量考核内容等现象，绩效激励的针对性和抓手作用发挥不充分，推动社区发展效果不明显。

3.5.2 未统筹兼顾不同参与主体的需求

我国的社区综合性较强，既有行政属性，又具备公共服务属性，还有个体发展属性，承担着上级街道的行政化管理需要、社区居民的服务性需求、社区自身的发展性需要。

综合属性赋予社区综合的职责功能，从行政属性来看，社区承担着基层治理的主要任务，从党的建设、文明创建等精神文明工作，到安全生产、疫情防控等底线工作任务，上级街道对社区工作的定位往往是街道工作的细化延伸。社区是街道很多工作的具体执行者和落实者，街道对社区的要求一方面是平稳完成各项街道交办的工作任务和社区本职工作，另一方面是在基础工作上形成工作亮点及特色。从社区公共服务属性来说，社区的民生服务工作主要是基于社区居民的期待。社区是居民生活的主要场景，居民在生活环境、生活质量等方面的要求随着时代发展也越来越高。社区既要营造和谐、卫生、文明、安全的居住环境，又要保障各项软硬件配套设施齐全，更要在出现疫情、内涝等突发事件时做好居民生活的兜底保障服务。对于居民而言，社区的公益服务属性应当是放在首位的，社区需要及时处理好居民的各方面生活难题。就社区个体发展属性而言，社区同样承担着不同程度的发展任务，不仅要在产业发展上尽可能实现经济造血，又要在社区的设施环境建设等方面做好硬件提升，还要在综合治理能力、社区整体氛围方面实现软件提升。

各类属性对社区的工作定位有异同也各有侧重。街道作为绩效评价的主要决定方，仅仅以街道上级行政机关的视角进行以上对下的"俯视评价"是不恰当的，也是不全面的，街道绩效评价应当更好地发挥牵头抓总作用，以系统化角度全面评价社区工作为目的，在绩效评价体系设计、实施、执行、反馈各个程序中，充分考虑不同层面需求，优化制定兼顾社区不同参与者意见的评价指标体系，充分"考准考实"社区工作绩效，客观有效发挥激励作用。

3.5.3 缺乏对社区服务属性的深刻理解

社区作为接触服务群众的"最后一公里",虽然目前在工作类别上来看,大量行政化事务占据社区整体工作比重较高,但是从社区的根本性质来看,依然是以服务群众作为基础属性,这也是社区组织和街道等行政机关在属性功能侧重上的最大差异。根据 2021 年中共中央、国务院发布的《关于加强基层治理体系和治理能力现代化建设的意见》,基层治理已被置于越来越重要的地位,而对于社区来说,此文件也针对性强调要支持、完善社区服务业发展政策。服务群众仍然是社区的最基本属性,瞄准群众的烦心事、操心事和揪心事,把居民服务工作做好、做优,仍然是改善基层治理的重点,也是社区最基础功能的提质方向。

社区工作不仅包含阶段性、项目性工作,更加包含常态化工作,而社区基础的居民服务更多是常态化工作。瞄准社区功能定位和工作内涵的侧重点,是"考准考实"社区工作开展、精准定位社区工作层次的重要前提。

街道在实际制定当前绩效评价相关指标体系过程中,往往将区级层面对于街道的行政重点任务进一步细化分解,将有关工作责任压实到社区层面,这是必要的,但同时也是不全面、不准确的,是没有将日常服务作为评价前提考虑进指标设计中的。事实上,社区层面日常服务工作的重要性,也在一定程度上决定了以关键绩效指标对重点事项的评分汇总模式在应用到社区层面时仍然存在一定"水土不服"。科学有效的社区绩效评价指标体系需要建立在以服务属性为重要前提的基础上,需要深刻理解并牢牢把握社区的实际工作内涵,而不是仅仅以"落实"的行政化思维为单一前提。

3.5.4 对部分重点任务的属性判断不准确

社区是社会基层治理的最基本单元,工作内容千头万绪,有的工作是项目性工作,整体性较强,时间节点性较强,成果容易量化判断,也容易形成工作亮点;有的工作是业务性工作,比较零散、常规,花费时间长短不一,成效难以比较。在设计绩效评价指标体系过程中,首先应当对涉评的各类工作具有精准判断,了解工作的性质、成果及耗费的资源,如此才能在指标赋权赋分时有基础数据支撑,保证指标体系建立的基础科学性。

事实上,社区工作的性质判定和指标赋分也是复杂多维的。如果设置一个坐标轴,以消耗时间的资源为横轴,工作的重要性为纵轴,我们可以大致将工作分为四个象限,第一象限为重要且耗时的工作,第二象限为重要但不耗时的工作,第三象限是不重要也不耗时的工作,第四象限是不重要但耗时的工作。第一、三象限的赋分对比显而易见,但是二、四象限的赋分对比则难以抉择。这只是二维层面下的区分,如果我们引入"是否费力"的第三维度考虑因素,赋分对比则更为复杂。但是,目前的赋分并没有基于同一判别标准或者近似判别标准,也就导致了赋分的合理性不足以及评价的客观性不足等方面问题。例如,目前"社会治理"指标下属细分指标"文明殡葬工作"与"人居环境"指标中"垃圾清运"指标分值均为2分,绩效评价项目均为扣分项目。前者属于偶发性工作,每年开展有关工作次数与耗费精力均具有不确定性,且违规整改后同一点位不易反弹;后者属于常规性工作,工作量相对稳定且耗费精力较多,违规整改需要常态进行,成果不易保持,在工作性质存在较大不对等情况下分值统一不够合理。

3.5.5 绩效评价指标的量化手段较少

当前的绩效评价中,相关涉考指标考察主要以三种考察评价方式进行,一种是调阅资料方式,主要针对部分扣分指标,根据掌握的街道情况,对存在违规问题的社区相关指标依规扣分,以及对部分日常报送材料情况进行累计加分;二是集体研究类评分方式,主要针对部分获奖或难以界定的减分事项,以街道班子集体研究意见为指导,进行分数调整;三是实地检查类评分方式,主要基于各类工作专项检查,发现存在相关的问题则扣分。

基于目前的评价评分方式,其实不难看出,在各类环节中的主观裁量权发挥空间较大。调阅资料类的评分,缺乏大数据信息化等技术手段的支撑,在实际的数据保存、处理等方面都难以做到客观精确,可能受到资料保管不善、恶意篡改等方面因素影响。集体研究类评分是单向上级评分,结果受主观印象影响较大,也可能出现集中拉票等违规行为。

实地检查工作则往往不是全覆盖式检查,未被检查到的社区面临更低的扣分风险,难以做到"一把尺子量到底"。

另外,基层总体工作力量较为薄弱,受制于街道本身从事绩效评价、目标考核工作人员数量,在实际操作中也很难设计使工作满意度被全面测评等量化结果明确的评价手段。因此,绩效评价在客观评价方面仍需要进行深入探索。

3.6 平衡计分卡用于 Y 街道下辖社区绩效评价的必要性和可行性分析

3.6.1 社区绩效评价引入平衡计分卡的必要性分析

通过对原 Y 街道下辖社区绩效评价方法的问题及原因进行分析,发现原绩效评价方法已不符合要求,需要引进新的绩效评价方法。对此,先分析引入平衡计分卡的必要性。

一是社区绩效战略性提升的现实需求。根据问卷调查结果,46.21%的受访者对"社区目前工作方向是否明确"持有"一般"及以下的态度,反映出当前社区虽然在工作安排和精力分配上具有较为明确的倾向,但并未形成稳定的战略性输出效应。在访谈中,同样发现社区工作者普遍能对社区主要工作和重点工作做到心中有数,但对社区未来发展方向和目标了解不够深入,也很难明确根据社区发展战略要求开展日常工作。以上现象出现的根本原因是社区发展战略不够鲜明,没有在绩效评价中形成明确的导向,战略落实缺乏工作抓手,发展压力没有层层传导,服务责任没有层层压实。在我国经济社会高速发展的态势下,社区承担的工作任务越来越多,上级机关与社区居民对社区工作质量的要求也越来越高。在量质并重的形势下,社区必须提升统筹协调能力,明确工作主次关系,分层次、分类型推进各项工作。在此情况下,街道作为社区直接上级机关,亟须引入战略性、科学性较强的绩效管理工具,通过有效的方式发挥绩效管理的指导作用。

二是推动社区服务改进的现实需要。社区虽然是小单元,但也是涉及多元主体的完整组织,在接受街道管理、指导以外,还受到上级机关的检查、督导，如城管、安监、环保、市场等部门的检查，同时更是要服务社区居民，履行服务组织的主责主业。但是，根据现行绩效评价机制，社区绩效评价主要由街道负责组织开展，居民和其他参与主体很少参与社区绩效评价工作，甚至在问卷调查中发现51.68%的受访者不太了解社区工作在街道的整体排名位次，45.80%的受访者完全没有被征询过绩效评价相关制度设计方面的意见或者不清楚此事。居民作为社区服务的主要接受者，其意见没有形成有力反馈，不利于社区提升工作质量。平衡计分卡的四个维度之一"顾客维度"能够较好发挥顾客意见对于发展的推动作用，有利于社区进一步锚定民生服务工作任务目标，及时跟进、提升服务工作质量。

三是提升社区绩效评价科学性的现实要求。当前社区绩效评价指标体系建立主要以上级机关组织考核模式作为参照系，根据社区工作内涵进行指标对应，相关指标权重参照比例分布同步赋值。但机关在职能职责、体量规模等方面都与社区存在较大差异，社区绩效评价的科学性和系统性亟待提升，而且缺乏科学性的理论指导难以对社区工作产生稳定有效的促进。平衡计分卡理论具有企业、公共部门的广阔应用空间，在国内、国外组织中有相对成熟的实践案例，得到广泛认可，结合社区实际运用平衡计分卡能够满足理论需求和现实需要。

3.6.2 社区绩效评价引入平衡计分卡的可行性分析

1. 社区与公共部门、企业的组织共性分析

"社区"，在拉丁语起源中，有"亲密合作、共同所有"的意思，现在逐渐发展成为在某一地域里的个体与群体的集合组织，是一个既带有地域特点又具有群居特色的公共概念。本书所研究的社区更多是从治理组织的角度来说，是集合社区党委、居委会于一体的概念，社区致力服务社区居民，推进、完成上级行政机关安排的工作任务。从社区的工作职能与工作目标来看，社区是一种具有明显公共属性的组织。考虑到社区当前普遍承担行政任务的实际情况，也可以将社区看作一种具备一定区域自治能力的特殊公共部门。

平衡计分卡虽然最初是运用于企业、以财务结果为目标的绩效评价方法，但是已逐步在公共部门中得到推广、使用，并取得了一定的工作

成效和公众认同。虽然社区、公共部门与企业在工作目标上存在较大差异，但是从组织形式本身来说，它们仍然有很多相似、相通的地方，这样共同的组织特性，也给平衡计分卡应用于公共部门和社区打下了基础。

一方面，社区具备明确的使命与战略。作为一个组织，无论是社区、街道、政府部门或其他公共部门，还是企业，都承担着各自成长发展的使命和任务，对于企业是不断提升企业价值，创造更多利润，保障股东权益；对于社区是服务居民，营造幸福和谐的居住环境。各个组织也都需要依据自身的使命和目标，在充分考虑内外部环境的基础上制定发展战略，充分评价当前的优势、劣势，识别机会与威胁，以谋求发展。组织的使命必然是需要被细化分解到各个条线，将绩效评价目标任务逐一落实。在战略使命上的共性，也充分决定社区具备引入平衡计分卡的基础。

另一方面，社区、公共部门与企业在组织形态上具有共同点。如果说公共部门的绩效评价是企业绩效评价有关理论实践的延伸、发展，那么社区层面的平衡计分卡应用，就是在公共部门细分领域的又一次生动实践。与企业相一致的是，社区在组织构成要素上，也满足平衡计分卡四个维度的平衡关联，从要素关系上也具备理论实践基础。

2. 社区管理目标与平衡计分卡理论优势的契合度分析

平衡计分卡理论的优势在于紧紧围绕企业发展战略，从企业战略管理的内在需求出发，根据企业财务目标实现的因果链条进行延伸，发掘、建立了财务、顾客、内部流程、学习和发展四个基本维度，然后进一步以关键绩效指标为手段，将定性描述的战略目标转化为具备可视性的绩效评价指标，从而以战略目标为核心，兼顾财务与非财务指标，平衡管理长期与短期、目标与过程、内部与外部，构建起一整套科学性、全面性、系统性均较强的绩效评价指标体系。

当前社区绩效管理的整体规范性不够强，战略导向与目标导向不够清晰，指标覆盖面不全、代表性不强，工作重"显绩"而轻"潜绩"，视野拘泥于当前，仅看重近期成果，中长期规划不够，整体评价科学性不强，对社区整体工作推动、激励效果不明显。

综合来看，当前社区绩效评价的战略短板、弱项与平衡计分卡理论的战略性优势相匹配，社区绩效评价的系统性差距与平衡计分卡理论的平衡性优势相匹配，社区绩效评价指标的全面性需求与平衡计分卡的多维度设置方式相匹配。从组织性质与理论优势来看，社区组织具有平衡计分卡理论的探索、实施基础，社区探索、使用平衡计分卡也能更好放眼长远、把握当下，有效弥补传统绩效评价手段的不足。

3.6.3 社区绩效评价引入平衡计分卡模型修正的必要性分析

虽然社区在组织层面与企业具有一定相似性，也具备平衡计分卡理论的实践基础，但是在推动实践过程中仍然要深入、清醒地认识社区的组织特性，尤其要关注社区与企业存在的差异，在重点考虑社区的公共性、服务性属性的同时，也要充分考虑社区的行政属性。此外，社区不具备企业的盈利目标，市场特性在社区的体现同样很少，因此在为社区打造平衡计分卡时，要注重根据社区的组织特性进行适当修正，只有这样才能保证平衡计分卡理论在社区层面落地生根。具体从平衡计分卡四个维度进行分析。

从财务维度来看。对于企业而言，创造更多的股东利润和市场价值是企业的发展目标。平衡计分卡理论在最初设计时便是以实现企业财务目标为第一导则的，其他维度仅作为平衡因素同时考虑。相对于企业而言，社区的市场性非常不明显，盈利并不是社区工作的主要目标，甚至很多社区因历史原因或自身基础不足，不具备明显的财务造血能力，主要依赖上级机关资金划拨开展工作。在财务层面，对于企业来说，要利用资本实现产值增长，涉及利润的取得与成本的控制；对于社区来说，则要提高上级划拨资金的使用效率，提升自身服务水平与能力，完善自身职能。在逻辑原理上，两者具有共通性，但是从性质上看又存在较大差异。

从顾客维度来看。对于企业而言，顾客是产品的最终购买者，顾客范围能够通过购买行为进行确认，相对来说是明确的。但是，社区面临多个服务主体，不仅仅有接受服务的社区居民，还包括布置工作的上级组织。社区面向的被服务群体是复杂的，因此需要更精确地确定社区的"顾客"。从重要性来看，评价社区的职能是否充分被发挥时，主要的依据是被服务群众和上级部门等"顾客"群体的评价。对于社区来说，顾客维度的重要性远超财务维度，应当放在第一要素进行考虑。

从内部流程维度来看。企业的内部流程和财务目标紧密相连，企业对内部流程进行优化目的是获得更好的财务绩效。而社区的内部流程则要与服务顾客紧紧挂钩，内部流程的优化很大程度取决于顾客感受，而不是仅仅提升内部工作效率，比如为了能够更好、更快为社区居民提供服务，社区在对顾客服务的层面要尽可能简化工作流程，但是背后却要面临更多的系统内部工作流程改进。

从学习和发展维度来看。组织的基础单元是员工，员工的素质能力提升能够带动组织总体的工作效果改善，在此维度上，企业和社区差别总体不大，但是企业的能力提升能够结合所处岗位进行针对性提升，但社区工作岗位往往是综合性的，每一个人都需要面临多条线、多岗位工作，所以在能力提升上需要更长期、更系统地进行。

从以上分析可以看出，企业和社区绩效评价的侧重点并不相同，在维度重要性的排列上具有较大差异。绩效评价主体也存在差异，企业使用平衡计分卡进行绩效管理时，往往通过专门的绩效评价人员进行统一评价，但是社区的绩效评价面临对多个主体的考虑。对绩效评价结果的衡量也具有难易程度上的差距，企业更加容易使用量化评价标准进行绩效评价，结果和数据更容易获取，但是社区的服务水平需要通过大量数据辅助形成定量评价。

在面对不同的组织时，平衡计分卡的四个维度难以采取统一的标准套用，我们应该立足于组织的实际特点，将四个维度进行适当调整并加以优化应用，可以把现有的体系架构作为一种使用参考，但是并不能作为统一的标准答案对实际使用进行限制。因此，在社区进行实践使用平衡计分卡理论时，我们也应该针对社区工作内涵和内生特点进行适当修正。

3.7 基于平衡计分卡的 Y 街道下辖社区绩效评价体系设计

3.7.1 社区发展战略 SWOT 分析

SWOT 分析是一种组织战略分析方法。它是基于内外部竞争环境和条件的态势分析,可以较好地区分与研究对象密切相关的主要内部优势、劣势与外部机会、威胁。SWOT分析在企业战略分析中具有广泛应用,在非营利组织和公共部门战略分析中同样发挥着重要作用。一方面,通过它能够在部门和组织间竞争中针对性找准战略方向;另一方面,使用此种方法可以对研究对象的情况进行全面、系统、准确的研究,从而制定更贴近实际的相应发展战略、计划和对策。

1. 优势

Y街道地处S市主城区,近年来,随着现代化和新型城镇化进程的加快推进,Y街道实现加速发展,各类商圈楼盘拔地而起,文化公园、道路交通等公共基础设施不断完善,教育和医疗资源实现优化配置。在这样的建设推进环境中,Y街道下辖社区整体发展基础较好,周边配套设施相对完善,居民居住环境整体较好。

Y街道由原先县域镇区改制设立,下辖社区居民大多为城镇户口,在县城居住的时间相对较长,近年新增居民呈现家庭条件较好、知识层次较高的特点,居民总体文化素质较高,街道社区文明程度较高。

Y街道下辖社区在早年形成了社区党组织、业主委员会、物业公司"三位一体"的社区治理工作架构,近年随着基层党建工作不断深化、细化,积极探索、推广"一委两站五岗"的党建组织架构,推动党建、文明实践等工作横向到边、纵向到底、上下联动、直达基层。经过2021年度村社区"两委"换届,基层党组织和社会治理队伍结构持续改善,每个村社区在优化配备"两委"班子成员的基础上,也补充配备了一定数量的社区专职工作者,社区工作力量整体较好。党的十八届三中全会要求创新社会治理体制,改进社会治理方式,以网格化管理、社会化服务为方向,健全基层综合服务管理平台。在网格化治理新模式的探索驱动下,社区逐步建立起了社区网格化治理新架构,借助区域数字信息化治理手段,社区具备了更好的社会治理手段,提升了社区治理服务效率。

2. 劣势

从人力资源层面来看,目前社区虽然在社区"两委"换届后进一步优化、配备领导力量及工作力量,但是社区工作者整体素质仍然有待进一步提高，人力资源仍存在短板弱项。社区工作者中年轻人比例相对较低，经统计，30 周岁以下社区工作者 36 人，占 32.43%；社区工作者学历整体不高，本科及以上学历 31 人，占 27.93%。此外，社区工作者在专业能力方面仍存在短板，缺乏社会工作、社会保障、人力资源等方面的专业人员，同时在应急处置、矛盾化解等复杂问题处理能力上有待进一步加强。

从财务资金层面来看，城市社区土地管理相对规范，多为城市建设用地，社区不具备土地资源调配使用权，缺乏类似于农村社区多余农用地、建设用地等能够用于农业、工业发展的土地资源，城市社区创收能力较差，仅能够依靠部分小区"两房"获取租金收入，但是由于历史原因，Y 街道下辖社区大部分老小区没有"两房"，因此 Y 街道下辖社区相对于其他街道社区的创收空间进一步收窄。

从社区管理手段层面来看，Y 街道下辖社区在现代化治理手段上仍有所欠缺，在数字化、信息化智能手段的使用上，尚有一定的磨合、学习时间。目前，大数据等现代信息技术在基层社区的应用仍然不够广泛，社区在推进工作时大部分时间还是依赖传统的"铁脚板＋电话"模式。

3. 机遇

Y 街道下辖社区当前发展处于多重政策叠加发力的战略机遇期。2020 年以来，S 市大力推进"把支部建进小区"，在此政策推动下，Y 街道下辖社区进一步充实、完善社区、小区党组织架构，推动小区党组织、业主委员会、物业公司"三位一体"集中办公、实体运作，做深、做实区域机关事业单位与社区、小区党组织"双节双联"，大量引入小区在职党员工作服务力量，强化党员先锋模范作用，同时大力推进"综合执法进小区""社会服务进小区"等行动，推动多元力量参与社区、小区治理与服务，并深入开展多次小区居民满意度测评，强化居民监督功能，为社区工作评价打下一定基础。

2020 年以来，文明城市创建、网格化治理工作聚力推进，对社区整体环境提升和安全氛围营造起到了较好的促进作用。文明城市创建每年度复检期间，社区将会结合社区、街道、机关事业单位在职党员力量，加强有关不文明现象排查，在日常维护的基础上，进一步加强卫生、安全等方面的检查，这有利于社区营造和谐、文明、安全、卫生的整体环境。网格化治理工作则是为社区引入了新型治理服务手段，信息化、数字化等智能治理技术也在不断向基层引入，这有利于进一步提升基层社区治理服务效能。

此外，2020年以来，负责发改、住建、交通、教育、体育等方面工作的部门积极推动一批重大项目建设和民生项目建设。从住房建设方面来说，区住建局排定一批老旧小区改造项目，主城区各社区大量小区在改造范围内，以此为契机，能够很好地解决一批社区老小区楼房墙皮脱落、管道老化、道路失修等问题，有利于营造精致住宅环境；就体育部门而言，区体育局在街道范围内规划建设了一大批公共体育健身设施，在推动全民健身运动的同时，也给社区带来了较好的体育文化氛围。根据区域"十四五"规划，街道范围内购物、教育、医疗等方面的资源也正处于不断优化配置过程中，社区居民在未来能够享受到更为优质的软硬件配套设施，整体生活环境、社区周边氛围将进一步改善。

4. 威胁

城镇化建设正在加快推进，近年，S市部分区域实施区划变更，原部分近郊乡镇变更设立为城市街道，街道下辖社区也将逐步由涉农社区转变为城市社区，但此类社区相对而言发展基础薄弱、基础设施建设落后，需要政府部门提供更多资源支持。对于Y街道城市社区而言，相关资源的竞争在未来将会更加激烈。

3.7.2 战略目标确定

根据Y街道下辖社区当前面临的形势，以及对自身工作内容和属性进行的基础分析，在后一阶段发展中，社区应当抓住政策机遇，补足短板弱项，夯实发展基础，迎接未来挑战。据此，确定社区未来发展的愿景、使命、价值观及发展战略。

（1）愿景：构筑生活宜居、大众满意的标杆社区。

（2）使命：扛起群众服务使命，扛起基层治理担当，扛起社区发展任务。

（3）价值观：党的领导、服务至上、高效治理、创新发展。

(4) 发展战略：开放服务社区、高效治理社区、精致建设社区、幸福生活社区。

3.7.3 基于平衡计分卡的绩效评价体系框架设计

1. 顾客维度

社区是基层社会治理的重要组成部分，在一定程度上可以看作服务型政府的基层延伸，社区的服务属性和行政属性都决定了顾客维度相较于财务维度具有更高的重要性和优先级。让"顾客"满意和获得"顾客"认可是社区工作的重要参照与评价标准，在实施平衡计分卡的过程中，应当将实现顾客维度的目标作为实现战略目标的必由之路，顾客维度在平衡计分卡中应当被置于使命、战略下方，位于四个维度中的最上方。

区别于企业顾客的明确指向，社区的"顾客维度"并不简单等同于"居民维度"，而应该充分考虑社区的服务对象。首先，基于社区的服务属性，绝大部分工作面向居民，服务居民是社区的主责主业，居民是服务对象的重要主体，这一点毋庸置疑。但同时我国社区整体行政化倾向较为明显，在现阶段，社区在开展工作过程中，很多重点工作的评价方并非居民，而是上级政府部门，从某种意义上讲，上级政府部门同样属于社区的服务对象。

由此可见，社区的"顾客"并非单一指向性的，而是涉及多个群体、多级组织的关系协调。在研究中，根据社区实际的服务重点，将社区"顾客"进行二元化处理，即一方面包含社区居民，另一方面包含以街道为代表的上级政府，在平衡计分卡中重点达成让居民满意、获得上级政府认可的目标。丰富社区"顾客"内涵，能够从更系统全面的角度考量评价社区工作质效。

2. 内部流程维度

内部流程维度主要服务于实现顾客维度的目标，需要建立在充分了解、掌握社区主要及重点工作的基础上，分析相关工作推进的全流程，对影响顾客维度目标实现的关键环节、重点项目重点关注。在指标设计中要基于战略，加强对工作开展流程和工作机制的分析，紧扣重点，着重设计、采用对居民及政府满意度提升有促进作用的指标，如在基层党建中关注党的阵地建设，组织、开展与党员关联性强的活动。

3. 学习和发展维度

学习和发展维度通常用于关注员工队伍的综合素质能力，它对于组织而言是间接管理因素，但与工作质效直接相关。综合素质能力相对较为抽象，具有难以客观量化的特性，往往要转化为容易评估的成果或现象进行分析。对于社区而言，主要关注社区工作者能力素质的整体水平，既应当包含队伍整体人员数量、结构、专业化程度，也应当包含个人能力水平和学习成长情况。

目前社区"两委"成员及其他专职工作者整体学历不高，工作专业背景不强，同时街道、社区及个人对于学习成长的重视程度不够。在进行指标设计的过程中，应当围绕工作队伍整体建设目标，充分发挥激励和导向作用。就队伍整体而言，对于每个社区工作队伍的人员数量、年龄层次、工作经历、能力专长应当设定目标，既要打造青老相接、男女平衡的"显性结构"过硬的队伍，也要结合社区发展目标和资源配置情况，致力打造能力互补、专业相融的"隐性结构"合理的队伍，提升队伍工作能力。就个体而言，应当结合实际，把握社区工作者能力素质提升渠道和途径，立足于工作和学习时间分配的现实情况，适当鼓励、激励，围绕职业证书、个人工作成果、学习打卡、实践锻炼经历等容易量化评估的指标开展设计，带动社区工作者积极提升个人综合素质和工作水平。

4. 财务维度

社区属于非营利组织，盈利并非社区的主要工作任务，加之Y街道下辖社区均为城市社区，拥有的土地等资源要素相对较少，归属社区的产业、商业较少，财务造血能力较差，主要依靠上级财政资金保障日常工作和发展。同时，社区发展的根本目的在于服务，如果按照企业模式，把财务作为首要维度，容易传递出错误的工作信号，形成发展偏差，最终影响战略实现。综上所述，在使用平衡计分卡时应当对传统的财务维度目标进行适当的修正。

虽然盈利并非社区的重要目标，但财务维度的重要性依然不容忽视，社区工作的正常开展和社区的持续发展都有赖于财政资金的使用，而财政资金来源于纳税人，即企业和群众，财政资金使用效率和使用构成仍然是社区工作中的关注点。"能否充分有效地使用财政资金，实现更大的成果转化？""工作经费中有多大比例实际应用于群众服务工作？"这些问题应当作为平衡计分卡财务维度中的重点关注方向。

3.7.4　基于平衡计分卡的绩效评价指标设计

建立科学有效的绩效评价指标体系，首先需要确定设计过程中所需遵循的原则，确保指标体系建立成果能够较好服务于绩效评价的工作目标。

一是战略导向性原则。绩效评价指标体系的建立应当始终基于社区发展使命、价值观，与战略目标相契合。实施绩效评价的根本目的不在于推动短期工作的完成，而在于促进中长期目标的实现。要以绩效评价指标体系为抓手，让社区工作围绕中心大局开展布局，让社区工作者力量集中于推动中长期目标的实现。因此，在绩效评价指标设计过程中，应当注重做好组织战略的层层分解，将绩效目标转化为各个维度、各项工作的具体指标任务。

二是系统性原则。绩效评价指标体系基于社区实际，发挥着指导工作开展的作用，因此绩效评价指标应当能够系统全面地反映社区在目标导向下的重点工作任务，需要涵盖社区日常的工作职责范围，也要做到突出民生服务等关键领域。

三是客观性原则。在绩效评价指标设计过程中，应当客观审慎地确定指标的内容和权重，要客观考虑社区的现实情况，不能好高骛远设置跨越本阶段的指标任务。在指标的选择上，要关注指标本身是否可量化反映，尽可能多地采用可量化的指标进行测算评估，同时也要考虑部分定性指标评价过程中可能存在的不客观因素，尽可能避免人为主观因素影响结果的准确性和可信度。

四是可操作性原则。一方面，设置指标内容时，应当考虑社区作为履职主体能够干预、改进的范围；另一方面，指标需要有代表性，注意不能设计过于庞大的指标体系，否则容易导致实施过程中工作量和成本增加，平衡计分卡难以持续实施。

3.7.5 基于德尔菲法的指标要素确定

根据前期问卷意见征求和实地调研结果，结合实际工作情况，形成社区绩效评价指标体系初步框架，采用德尔菲法征求专家意见，确定各级指标的具体内容。

为了保证专家意见的有效性和科学性，一般要选择 10—50 名专家，这些专家主要涵盖街道工作者、社区工作者、社区居民等社区工作重要参与主体，选择原则是专家应当充分了解社区基本工作，具有丰富的社区工作经验或绩效评价相关知识，一般参与社区相关工作达 3 年以上，具有较高参与调查的热情。本次研究共选择专家 13 名，其中包含街道工作者代表 5 名、社区工作者代表 5 名、居民代表 3 名；包含共产党员 8 名、非党员 5 名；参与社区工作时间普遍在 3—5 年；均具有本科及以上学历，其中 3 人具有公共管理或绩效评价相关受教育经历，具有较好的代表性。

在意见征求问卷设计方面，咨询表共分为三个部分：第一部分为填写说明，主要向受访专家介绍本次意见征求和有关研究的背景、目的及主要内容；第二部分为基本信息收集，主要掌握受访专家年龄、学历、政治面貌、专业背景、从业经历等方面的基本信息；第三部分为咨询表正文，受访专家需要对相关问题的判断依据和熟悉程度进行评分，作为判断专业程度数据依据。在咨询表中对除平衡计分卡四个维度以外的每项指标根据指标重要性按照 1—5 分进行分级评分，可以在表中注明修改意见。

专家积极系数通过问卷回收率加以反映，在第一轮专家意见征求中共发放意见征求问卷 13 份，共计回收 13 份，专家积极系数为 100%。相关问题的判断依据（Ca）和熟悉程度（Cs）的算术平均值为专家权威系数（Cr），其中判断依据主要包括理论、实践经验、直觉、相关资源等，本轮权威系数均大于 0.7，在可接受范围内。专家反馈意见的集中程度，由各指标评分情况的均值（$\bar{x}$）、标准差（s）、满分频率（Kj）进行反映，通过变异系数（CV）表示专家意见的协调程度。

对专家意见统计结果进行分析，将重要性 $\bar{x} = 4.0$、$CV = 0.25$ 及 $Kj = 50\%$ 作为评价阈值对指标进行筛选，最终指标评分情况的均值在

4.31—5.0，变异系数在 0.05—0.19，相关指标满分频率均大于 50%，专家意见具有较好的协调性和认可度。其中，对于三级指标"年内老旧小区改造率"，部分专家反映改造工程较为重大，建议采用绝对数进行考核，指标修改为"年内老旧小区改造个数"；对于三级指标"征地拆迁工作完成率"，专家反馈难以具体量化，建议采用定性指标描述，修改为"征地拆迁工作完成情况"；三级指标"群众对社区工作者工作作风满意度"在实际操作中较为烦琐，且与顾客维度下"总体满意度"存在交叉，专家建议删除；三级指标"创新性工作获上级推广数量"与"区级以上社区创建及社区工作者荣誉表彰数量"内涵存在交叉，专家建议合并为"社区集体、个人工作获区级以上表彰推广情况"；从绩效评价可控性因素角度考虑，三级指标"社区居民登记失业率"在社区层面难以做出有效干预，专家建议修改为"社区居民就业帮扶次数"；对于部分底线工作，专家建议要形成正向导向，建议修正描述方式，"环境违法违规事件发生次数"修正为"环境污染事件发生次数"，"恶性群体事件发生数量"修正为"群体性访问事件发生数量"，以上建议均予以采纳，对相关指标进行对应修改。综合专家意见，形成 Y 街道下辖社区绩效平衡计分卡，包含 4 个一级指标、15 个二级指标、46 个三级指标，如表 2-3-4 所示。

表 2-3-4　Y 街道下辖社区绩效平衡计分卡

一级指标（A）	二级指标（B）	三级指标（C）
顾客（A1）	总体满意度（B1）	居民、街道工作者、社区工作者测评满意度（C1）
	党的建设（B2）	党建阵地功能室设施完整且正常运作（C2）
		"三会一课"等组织生活制度规范执行情况（C3）
		年度规范发展党员人数（C4）
	宣传文化（B3）	党的理论及政策宣讲学习情况（C5）
		居民文化活动等开展情况（C6）
		获区级以上宣传报道次数（C7）

续表

一级指标（A）	二级指标（B）	三级指标（C）
顾客（A1）	安全法治（B4）	辖区居民犯罪率（C8）
		居民社会治安满意率（C9）
		安全与应急事故发生次数（C10）
		安全应急检查开展次数（C11）
	社会保障（B5）	社区城镇居民医疗保险覆盖率（C12）
		基础疾病宣传关爱活动次数（C13）
		社区居民就业帮扶次数（C14）
		社区适龄儿童入学率（C15）
		社区城镇居民最低生活保障覆盖率（C16）
		社区居民养老保险覆盖率（C17）
		留守儿童、困难儿童关爱帮扶次数（C18）
	环境改善（B6）	下辖小区平均绿化覆盖率（C19）
		生活垃圾分类设施覆盖率（C20）
		环境污染事件发生次数（C21）
		居民私下违建发生数量（C22）
		道路、楼栋损坏失修情况（C23）
		年内老旧小区改造个数（C24）
内部流程（A2）	行政效率（B7）	群众反映问题情况办结率（C25）
		上级交办重大事项落实率（C26）
		到中央、省、市非正常上访事件发生数量（C27）
		群体性访问事件发生数量（C28）
		公共区域监控设备覆盖率（C29）
		综合指挥调度信息及时维护上传情况（C30）
	依法行政（B8）	上级通报工作违规、不规范数量（C31）
	信息公开（B9）	"三务"公开栏及时更新公开情况（C32）

续表

一级指标（A）	二级指标（B）	三级指标（C）
学习和发展（A3）	履职基础（B10）	35岁以下社区工作者占比（C33）
		社区工作者党员人数占比（C34）
		社区工作者本科以上学历占比（C35）
		社会工作者资格证取得率（C36）
	能力提升（B11）	社区工作者年内参加培训占比（C37）
		社区集体、个人工作获区级以上表彰推广情况（C38）
	廉洁自律（B12）	社区工作者违纪、违法案件数量（C39）
财务（A4）	收入增加（B13）	社区年度收入总额（C40）
		上级政策应扶持资金争取金额占比（C41）
	运转成本（B14）	社区年度支出总额（C42）
		居民服务工作支出占比（C43）
		基础设施建设支出占比（C44）
	地区经济贡献度（B15）	征地拆迁工作完成情况（C45）
		产业招商线索及落地情况（C46）

3.7.6 基于德尔菲法与优序图法的绩效评价指标权重确定

基于第一轮专家意见征求确定的指标体系，在第二轮专家意见征求中采用优序图法确定指标权重，如表2-3-5所示。

表2-3-5 优序图法确定指标权重演示表

相关指标	N1	N2	N3
N1	—		
N2		—	
N3			—

在优序图法中，要求专家根据指标的重要性进行评分，并两两对比，其中指标自我比较不具有比较意义，在表格中标注"—"，其余指标根据重要性两两比较。例如，a相对于b更重要，标注"1"；a与b同

等重要，标注"0.5"；a 相对于 b 不重要，标注"0"，按此原则形成评分矩阵。按照专家权威系数，对每位专家的评分意见进行加权优序图汇总计算。根据加权优序图统计结果，按照单个指标评分总和除以所有指标评分总和计算得出指标权重。二级指标权重的计算方法是在所属一级指标范围内，以单个二级指标的重要性得分除以所有二级指标得分之和，以此得出二级指标占所属一级指标的权重，三级指标的计算也采用同样的方法。

鉴于一级指标从平衡计分卡四个维度中产生，为了保障社区四个维度平衡关系，在优序图法基础上，经过征求专家意见，一级指标权重进行取整划分，顾客维度分配 40% 权重，内部流程维度分配 25% 权重，学习和发展维度分配 20% 权重，财务维度分配 15% 权重，在此基础上进行次级指标权重划分。由于数据较多，下面仅列出计算结果，不详述具体运算过程，各维度下属二级指标权重划分结果如表 2-3-6 至 2-3-9 所示。

表 2-3-6　顾客维度下属二级指标权重划分表

相关指标	一级指标内权重/%	总体权重/%
总体满意度（B1）	20.47	8.19
党的建设（B2）	18.92	7.57
宣传文化（B3）	11.44	4.59
安全法治（B4）	18.17	7.26
社会保障（B5）	18.14	7.25
环境改善（B6）	12.86	5.14

表 2-3-7　内部流程维度下属二级指标权重划分表

相关指标	一级指标内权重/%	总体权重/%
行政效率（B7）	57.45	14.36
依法行政（B8）	34.09	8.52
信息公开（B9）	8.46	2.12

表 2-3-8 学习和发展维度下属二级指标权重划分表

相关指标	一级指标内权重/%	总体权重/%
履职基础（B10）	57.45	11.49
能力提升（B11）	34.09	6.82
廉洁自律（B12）	8.46	1.69

表 2-3-9 财务维度下属二级指标权重划分表

相关指标	一级指标内权重/%	总体权重/%
收入增加（B13）	27.12	4.07
运转成本（B14）	30.91	4.64
地区经济贡献度（B15）	41.97	6.29

三级指标权重参照优序图法开展统计分析，根据二级指标划归权重比例，按照乘数方法，对应划分三级权重比例，权重比例保留至百分比小数点后 2 位，最终形成总体指标权重汇总情况，如表 2-3-10 所示。

表 2-3-10 Y街道下辖社区绩效平衡计分卡权重分配情况表

一级指标（A）	二级指标（B）	三级指标（C）	总体权重/%
顾客（A1）	总体满意度（B1）	居民、街道工作者、社区工作者测评满意度（C1）	8.19
	党的建设（B2）	党建阵地功能室设施完整且正常运作（C2）	1.71
		"三会一课"等组织生活制度规范执行情况（C3）	2.29
		年度规范发展党员人数（C4）	3.57
	宣传文化（B3）	党的理论及政策宣讲学习情况（C5）	0.79
		居民文化活动等开展情况（C6）	1.18
		获区级以上宣传报道次数（C7）	2.62
	安全法治（B4）	辖区居民犯罪率（C8）	2.19
		居民社会治安满意率（C9）	0.96
		安全与应急事故发生次数（C10）	2.52
		安全应急检查开展次数（C11）	1.59

续表

一级指标（A）	二级指标（B）	三级指标（C）	总体权重/%
顾客（A1）	社会保障（B5）	社区城镇居民医疗保险覆盖率（C12）	0.98
		基础疾病宣传关爱活动次数（C13）	1.17
		社区居民就业帮扶次数（C14）	0.98
		社区适龄儿童入学率（C15）	0.87
		社区城镇居民最低生活保障覆盖率（C16）	1.04
		社区居民养老保险覆盖率（C17）	0.97
		留守儿童、困难儿童关爱帮扶次数（C18）	1.24
	环境改善（B6）	下辖小区平均绿化覆盖率（C19）	0.54
		生活垃圾分类设施覆盖率（C20）	0.51
		环境污染事件发生次数（C21）	1.13
		居民私下违建发生数量（C22）	0.98
		道路、楼栋损坏失修情况（C23）	0.69
		年内老旧小区改造个数（C24）	1.29
内部流程（A2）	行政效率（B7）	群众反映问题情况办结率（C25）	1.56
		上级交办重大事项落实率（C26）	3.10
		到中央、省、市非正常上访事件发生数量（C27）	3.45
		群体性访问事件发生数量（C28）	3.85
		公共区域监控设备覆盖率（C29）	1.30
		综合指挥调度信息及时维护上传情况（C30）	1.10
	依法行政（B8）	上级通报工作违规、不规范数量（C31）	8.52
	信息公开（B9）	"三务"公开栏及时更新公开情况（C32）	2.12

续表

一级指标（A）	二级指标（B）	三级指标（C）	总体权重/%
学习和发展（A3）	履职基础（B10）	35岁以下社区工作者占比（C33）	2.84
		社区工作者党员人数占比（C34）	2.39
		社区工作者本科以上学历占比（C35）	3.07
		社会工作者资格证取得率（C36）	3.19
	能力提升（B11）	社区工作者年内参加培训占比（C37）	3.54
		社区集体、个人工作获区级以上表彰推广情况（C38）	3.28
	廉洁自律（B12）	社区工作者违纪、违法案件数量（C39）	1.69
财务（A4）	收入增加（B13）	社区年度收入总额（C40）	1.94
		上级政策应扶持资金争取金额占比（C41）	2.13
	运转成本（B14）	社区年度支出总额（C42）	1.45
		居民服务工作支出占比（C43）	1.64
		基础设施建设支出占比（C44）	1.55
	地区经济贡献度（B15）	征地拆迁工作完成情况（C45）	3.10
		产业招商线索及落地情况（C46）	3.19

3.7.7 社区绩效平衡计分卡综述

在积极创建"开放服务社区、高效治理社区、精致建设社区、幸福生活社区"的总体战略指导下，结合现阶段Y街道下辖社区绩效评价制度运行现状，广泛征求街道工作者、社区工作者和社区居民意见，通过两轮专家意见征求，逐步确定以顾客、内部流程、学习和发展、财务四个维度为一级指标，并细分出15个二级指标和46个三级指标的平衡计分卡，根据权重划分情况，以百分制为基础，0.5分为最小跨度区间，按照四舍五入办法，分配各指标分值。其中包含38项定量三级指标，定量指标达80%以上，较好覆盖社区重点工作，进一步彰显中长期社区工作导向。

形成的平衡计分卡相关指标基本满足与上级街道部门对应要求，且多项指标由多部门共同参与评审。由街道党政办公室牵头负责总体评价工作，同时负责"总体满意度""信息公开"指标评价；"党的建设""宣传文化""履职基础""能力提升"指标由党群工作局牵头评价；"安全法治""依法行政"指标由政法和社会治理办公室与综合执法局负责评价；"社会保障""环境改善"指标分别由民生事务局、综合执法局负责评价。"行政效率"指标由政法和社会治理办公室会同综合服务中心负责评价；"廉洁自律"指标由党政办公室会同纪委办公室负责评价；财务指标由经济发展局与财政所共同牵头评价。

平衡计分卡指标评价有综合测评、平时了解、调阅材料、日常考核等多种方式，并引入数据平台数据，让评价方式更具多样性、灵活性，为"考准考实"社区工作质效提供了充足的制度工具。

综上所述，Y街道下辖社区绩效平衡计分卡指标分值及评价责任部门如表2-3-11所示。

表2-3-11　Y街道下辖社区绩效平衡计分卡指标分值及评价责任部门表

一级指标	二级指标	三级指标	指标分值	责任部门
顾客	总体满意度	居民、街道工作者、社区工作者测评满意度	8	党政办公室
	党的建设	党建阵地功能室设施完整且正常运作	2	党群工作局
		"三会一课"等组织生活制度规范执行情况	2.5	
		年度规范发展党员人数	3.5	
	宣传文化	党的理论及政策宣讲学习情况	1	
		居民文化活动等开展情况	1	
		获区级以上宣传报道次数	2.5	
	安全法治	辖区居民犯罪率	2	政法和社会治理办公室、综合执法局
		居民社会治安满意率	1	
		安全与应急事故发生次数	2.5	
		安全应急检查开展次数	1.5	

续表

一级指标	二级指标	三级指标	指标分值	责任部门
顾客	社会保障	社区城镇居民医疗保险覆盖率	1	民生事务局
		基础疾病宣传关爱活动次数	1	
		社区居民就业帮扶次数	1	
		社区适龄儿童入学率	1	
		社区城镇居民最低生活保障覆盖率	1	
		社区居民养老保险覆盖率	1	
		留守儿童、困难儿童关爱帮扶次数	1.5	
	环境改善	下辖小区平均绿化覆盖率	0.5	综合执法局
		生活垃圾分类设施覆盖率	0.5	
		环境污染事件发生次数	1	
		居民私下违建发生数量	1	
		道路、楼栋损坏失修情况	1.5	
		年内老旧小区改造个数	1.5	
内部流程	行政效率	群众反映问题情况办结率	1.5	政法和社会治理办公室、综合服务中心
		上级交办重大事项落实率	3	
		到京、省、市非正常上访事件发生数量	3.5	
		群体性访问事件发生数量	3.5	
		公共区域监控设备覆盖率	1	
		综合指挥调度信息及时维护上传情况	1	
	依法行政	上级通报工作违规、不规范数量	8.5	政法和社会治理办公室、综合执法局
	信息公开	"三务"公开栏及时更新公开情况	2.5	党政办公室

续表

一级指标	二级指标	三级指标	指标分值	责任部门
学习和发展	履职基础	35岁以下社区工作者占比	3	党群工作局
		社区工作者党员人数占比	2	
		社区工作者大学以上学历占比	3	
		社会工作者资格证取得率	3	
	能力提升	社区工作者年内参与培训占比	3.5	
		社区集体、个人工作获区级以上表彰推广情况	3	
	廉洁自律	社区工作者违纪、违法案件数量	2	党政办公室、纪委办公室
财务	收入增加	社区年度收入总额	2	经济发展局、财政所
		上级政策应扶持资金争取金额占比	2	
	运转成本	社区年度支出总额	1.5	
		居民服务工作支出占比	2	
		基础设施建设支出占比	1.5	
	地区经济贡献度	征地拆迁工作完成情况	3	
		产业招商线索及落地情况	3	

3.8 Y街道下辖社区绩效平衡计分卡运行测试与保障措施

3.8.1 基于平衡计分卡的绩效评价指标体系与现有绩效评价指标体系对比分析

相比于现有绩效评价指标体系，Y街道下辖社区平衡计分卡绩效评价指标体系具有战略导向性优势，更好地兼顾了社区中长期发展，对指标内涵删繁就简，并在全面性和系统性上有所增强，在公正性和客观性上也有所提升。

原有绩效评价指标体系更加注重短期性，体现本年度重点推进工作较多，体现长远发展事项较少。在本次建立平衡计分卡过程中，紧扣战略导向,把握社区中长期发展需求,将"开放服务社区、高效治理社区、精致建设社区、幸福生活社区"发展战略在指标中充分体现;提升顾客维度的重要性,进一步突出服务主责主业;内部流程作为一级指标单列,提升社区对行政效能和治理手段的重视;结合现有绩效评价指标体系中环境维护指标的内容,进一步将环境改善作为二级指标,致力实现精致社区;围绕居民衣食住行和切身关切事项,将民生保障重要指标进行大幅体现。

平衡计分卡绩效评价指标体系更加贴近社区实际,在指标设计中突出重点事项,原有的56个指标及单列加减分项,在平衡计分卡构建中被精简为46个三级指标,删繁就简更有利于开展绩效评价,指标分类更加清晰,能够较好地覆盖社区日常服务重点工作,排除了冗余行政事务,为社区工作者树立更鲜明的工作导向。平衡计分卡在多维度评价中,兼顾工作开展情况与队伍建设情况,既包含集体工作成绩检验,又关注社区工作者个人和团队成长,系统性更强。

平衡计分卡在评价公正性和客观性上具有优势,现有绩效评价指标体系涉及15个定性判断指标,由上级街道各办局分头开展打分评价,主观性对评价结果影响较大,平衡计分卡绩效评价指标体系的46个三级指标中有38个为量化指标,量化指标占比达80%以上,且多采用日常工作数据,评价客观性显著提升。

3.8.2 基于平衡计分卡的绩效评价指标体系有效性测试

根据设计的社区绩效平衡计分卡,组织平衡计分卡各级指标评价牵头办局的工作人员、社区工作人员、居民成立有效性测试小组,根据在平衡计分卡运行中的参与职责,对绩效评价指标体系的有效性进行评估。有效性测试共分为两个步骤,一是选取试点社区进行打分预测,二是对运行环节中存在的容易影响评价结果的风险因素进行评估。

综合考虑社区规模、工作质态、干部队伍等方面,选取Z社区和J社区作为社区绩效平衡计分卡实施试点社区,对测试小组进行了绩效评价指标体系基础培训,对相关评价方式和评分细则进行了初步梳理,由社区工作人员模拟提供社区半年度工作台账,提供涉评相关数据资料,以半年度为评价区间,相关办局工作人员调取相关指标平时工作数据，居民和相关工作人员参与测评，按照构成比例以每年实际参评人数进行等比例扩大，通过三方协作，测试小组形成了可量化的评分数据。通过测试发现，各指标数据均具有较好的可获取性，从启动测试到集中形成数据，再到评分汇总形成最终结果，在各部门集中精力配合提供数据的情况下，时间控制在一天以内，考虑到实际操作中的规模、范围扩大和对接协调中的时间损耗，预计实际全面开展各社区评价可在3天内完成，平衡计分卡的评价时间与精力成本可控，具有较好的实操性。

从运行环节评估来看，前期已经做了充分的指标体系形成意见征求，在评价实施过程中，指标数据获取相对容易，且具有横向可比性。实施过程综合了测评、数据调取、台账查阅、实地调研等方式，结合了定性与定量分析，能够通过多维度、多角度检验，在结果反馈运用方面需要在后期进一步完善测试。根据运行环节评估，测试小组反馈对于平衡计分卡的认识还需要进一步加强，打破了传统的评价细则模式，同时在评价中对部分定量指标的扣分口径把握需要进一步明确，有待根据需要在后期予以细化，不过总体有效性较好，能够满足Y街道及其下辖社区当前需要。

3.8.3 基于平衡计分卡的绩效评价指标体系实施

采用基于平衡计分卡的社区绩效评价指标体系，能够在服务于社区愿景、使命、价值观的基础上，推动实现社区发展战略，能够更系统全面、更科学有效地发挥绩效激励作用，明确社区工作着力点、发力点。但新的绩效评价指标体系相较于以往具有突破性的改革，为了让改革能够顺利破解当前难题，让新的体系在基层社区落地生根，需要在具体实施过程中注重做好培训与沟通，加强观念的革新，不断探索更好的运用与执行方式，加强制度设计，注重在实践过程中做好信息反馈与后续改进，让绩效评价真正成为推动社区发展的有力工具。

1. 培训与沟通

转换原有绩效评价的观念是新体系推行的首要前提，平衡计分卡具有较强的战略导向性和综合系统性，这就要求街道作为绩效评价的主要实施方应当强化战略意识，把绩效评价工作向推动实现社区发展进步大局的观念上转变，进一步提高工作认识，丰富战略眼光。基于平衡计分卡的绩效评价体系，对于被评价的社区和具体的社区工作者来说，是全新的探索。社区工作者乃至社区居民作为绩效评价工作的重要参与者，要加强对绩效评价指标体系内涵的理解，强化对绩效评价工作的认识，在思想认识上形成主动参与的观念，自觉融入社区战略管理的主链条中。

要实现观念的更新和认识的提升，最重要的手段就是做好培训与沟通。为了顺利实施平衡计分卡，需要让参与者对于平衡计分卡具有充分、合理的认识，因此实施前的适当培训是必要的，要做好制度设计背景、原则、指标确定等方面的解释，让参与者理解、信赖平衡计分卡的运行原理和预期工作效果，同时，对于指标中涉及的重难点工作，要结合社区工作者当前工作能力的短板弱项，有针对性地实施培训塑能工程，提升社区整体实现绩效目标及有序发展的实力。在正式实施平衡计分卡前，还需要与相关参与主体就具体实施流程、指标评价细节等方面进行预先沟通，充分征求不同参与主体的意见与建议。在实施过程中，建立畅通无阻、多元迅速的沟通运行机制，定期召开沟通会议，就绩效评价中的疑点、难点进行实时沟通，强化指导，形成工作经验储备，保障内外部沟通的及时性与有效性，增强整体的认同感与中心凝聚力。

2. 运用与执行

好的制度设计更需要好的执行落实，以往Y街道在绩效评价中往往是由各条线进行打分，最后综合汇总，产生结果，打分人员在专业水平与专业能力方面参差不齐，同时，人员调整变动较大，不利于形成延续性与科学性较强的考核结果，执行、监督也不易开展。在实施过程中，应当进一步明确绩效评价工作要求，压实工作责任，成立专门的绩效评价执行小组，明确责任人和分工，区分领导责任和执行责任，按照评价有关信息收集需要，统筹信息收集方式、方法，明确时间节点，建立起月、季度、年度不间断的阶段绩效评价工作进展情况记录，强化指标的落实、指导，有效提升执行的工作效率和质量。

同时也应当设置专门的绩效评价工作监督人员，一般可以由街道纪工委工作人员担任，探索、建立绩效评价嵌入式监督机制，对绩效评价工作开展的各个环节以随机抽查、实地检查、共同参与等形式进行监督,对绩效评价的客观性、真实性和有效性进一步做出保障。

3. 反馈与改进

绩效结果的形成并不是绩效评价工作的终点,社区间形成排名梯次也不是绩效评价的意义和目的。绩效工作的根本意义在于通过绩效结果发现当前工作中存在的薄弱环节,准确定位当前工作成效与预期战略目标之间的差距,以更优的状态、更高的效率推动社区发展,因此绩效结果的反馈与运用是非常重要的。

在每个绩效评价期满后,应当及时汇总相关绩效评价数据,形成最终绩效评价结果及评分明细。根据工作需要,应当向各社区乃至具体社区工作人员反馈考核信息,特别应当注重反馈绩效成绩与预期目标间存在的差距,重点对当前工作中存在的薄弱环节进行说明并加强指导。同时,对于各社区绩效成绩,应当由绩效评价执行小组及时向街道党工委做专题汇报。对于各社区存在的共性不足,应当及时提请街道分管领导统一调度、聚力攻坚。对于相关绩效评价成果,应当根据社区工作人员津补贴实施办法,及时兑现有关奖补资金,体现差异化绩效评价结果运用,在年度绩效评价奖金中形成梯次,实现正向激励效应,保证绩效评价效果。另外,应根据本年度绩效结果反馈情况及下一年度社区工作目标、实际运行情况,对相关指标和执行方案进行修订完善,确保绩效评价与实际工作的实时适配。

3.8.4 基于平衡计分卡的绩效评价指标体系运行保障措施

根据平衡计分卡实施目标及具体实施环节,结合国内外公共部门对平衡计分卡实践应用的经验,实现平衡计分卡的有效运行还需要有以下几个方面保障。

一是战略思维支撑。战略是平衡计分卡的优势所在,也是关键所在。我国的战略管理相对于西方来说起步较晚,公众对战略的思考和思维相对不够固定,特别是街道、社区工作者及社区居民对于社区的发展战略认识不充分、不到位,在推进社区绩效平衡计分卡的过程中容易产生困难。因此,街道要统一部署、统一调度,加强社区发展战略宣传引导,在概念解释、氛围营造、日常宣传等方面下功夫,强化各社区的战略认识。

二是完善制度支撑。制度支撑要从日常运行、薪酬保障等方面进一步细化完善；要建立日常绩效评价与定期绩效评价相结合的机制，更多元地获取绩效评价信息；要将绩效评价结果与薪酬待遇相挂钩，提高干群对绩效评价的重视程度。

三是信息技术支撑。绩效评价指标体系总体是综合性较强的，涉及的方面较为全面，在绩效评价方式、方法及数据收集上具有多样性，在绩效评价信息获取上难度比较高。在后期，街道应当进一步探索信息化、数据化绩效评价方式，以更智能化的手段获取更具科学性的数据，确保绩效评价结果的科学性和有效性。

参考文献

[1] BARKDOLL J. Balanced scorecards in the federal government[J]. Public Manager,2000,29(3):49.

[2] KONG E. Analyzing BSC and IC's usefulness in nonprofit organizations[J]. Journal of Intellectual Capital,2010,11(3):284-304.

[3] KAPLAN R S, NORTON D P. The balanced scorecard:measures that drive performance[J]. Harvard Business Review,1992,70(1):71-79.

[4] KATSONIS M, BOTROS A. Digital government:a primer and professional perspectives[J]. Australian Journal of Public Administration,2015,74(1):42-52.

[5] MCAFEE A, BRYNJOLFSSON E. Big data:the management revolution[J]. Harvard Business Review,2012,90(10):60.

[6] HAMMER M, CHAMPY J. Reengineering the corporation:a manifesto for business revolution[M]. New York:Harper Business,1993.

[7] NIVEN P R. Balanced scorecard step-by-step for government and nonprofit agencies[M]. Hoboken:Wiley,2003.

[8] 哈拉契米.政府业绩与质量测评:问题与经验[M].张梦中,丁煌,译.广州:中山大学出版社,2003.

[9] 卡普兰,诺顿.平衡计分卡:化战略为行动[M].刘俊勇,孙薇,译.广州:广东经济出版社,2013.

[10] 卡普兰,诺顿.战略地图:化无形资产为有形成果[M].刘俊勇,孙薇,译.广州:广东经济出版社,2005.

[11] 卡普兰, 诺顿. 战略中心型组织: 平衡计分卡的致胜方略 [M]. 上海博意门咨询有限公司, 译. 北京: 中国人民大学出版社, 2008.

[12] 纽科默, 詹宇斯, 布鲁姆, 等. 迎接业绩导向型政府的挑战 [M]. 张梦中, 李文星, 译. 广州: 中山大学出版社, 2003.

[13] 夏一林. 基于平衡计分卡的乡镇政府公务员绩效评价体系研究: 以梅花镇政府为例 [D]. 镇江: 江苏大学, 2016.

[14] 肖恺乐. 基于平衡计分卡的地方政府执法部门绩效管理研究 [D]. 武汉: 华中科技大学, 2016.

[15] 肖牧. 创新环境下公共部门绩效管理模式的应用性研究 [D]. 重庆: 重庆大学, 2007.

[16] 高雅琪. 平衡记分卡在公务员绩效考核中应用研究 [D]. 成都: 西南财经大学, 2008.

[17] 郭瑞卿. 基于平衡计分卡的公共部门绩效管理研究 [D]. 成都: 西南财经大学, 2012.

[18] 包国宪, 周云飞. 中国政府绩效评价: 回顾与展望 [J]. 科学学与科学技术管理, 2010, 31 (7): 105−111.

[19] 包国宪. 绩效评价: 推动地方政府职能转变的科学工具: 甘肃省政府绩效评价活动的实践与理论思考 [J]. 中国行政管理, 2005 (7): 86−91.

[20] 杜胜利. 平衡计分卡的理论框架和管理体系 [J]. 财政研究, 2007 (9): 70−73.

[21] 方振邦, 姜颖雁. 基于平衡计分卡的地方政府绩效框架探析: 以北京市延庆区为例 [J]. 社会科学论坛, 2017 (4): 209−220.

[22] 蓝志勇, 胡税根. 中国政府绩效评估: 理论与实践 [J]. 政治学研究, 2008 (3): 106−115.

[23] 李林, 肖牧, 王永宁. 将平衡计分卡引入我国公共部门绩效管理的可行性分析 [J]. 中国科技论坛, 2006 (4): 114−118.

[24] 林文珊. 平衡计分卡在事业单位绩效评价中的应用 [J]. 中国乡镇企业会计, 2021 (9): 108−109.

[25] 刘强强. 大数据驱动下的政府绩效信息建构和管理 [J]. 政府治理评论, 2018, 4 (2)：50－62.

[26] 马亮. 大数据时代的政府绩效管理 [J]. 理论探索, 2020 (6)：14－22.

[27] 马亮. 数据驱动与以民为本的政府绩效管理：基于北京市"接诉即办"的案例研究 [J]. 新视野, 2021 (2)：50－55.

[28] 彭国甫, 盛明科. 深化中国政府绩效评估研究需要新的视野 [J]. 湖南师范大学社会科学学报, 2007 (1)：57－63.

[29] 吴建南, 郭雯菁. 绩效目标实现的因果分析：平衡计分卡在地方政府绩效管理中的应用 [J]. 管理评论, 2004 (6)：22－27.

[30] 吴朦, 叶飞霞. 习近平政绩观指导下的基层政府绩效考评制度 [J]. 长春理工大学学报（社会科学版）, 2017, 30 (6)：5－10.

[31] 吴振其, 郭诚诚. 大数据时代政府绩效管理述评：实践、议题与展望 [J]. 中国科技论坛, 2022 (1)：172－179.

[32] 徐芳芳. 大数据驱动下的政府绩效管理体系建设研究：基于"结构—过程—价值"理论模型 [J]. 当代经济管理, 2022, 44 (9)：64－71.

[33] 徐双敏. 我国实行政府绩效管理的可行性研究 [J]. 中南财经政法大学学报, 2003 (5)：41－47.

[34] 颜海娜, 鄞益奋. 平衡计分卡在美国公共部门的应用及启示 [J]. 中国行政管理, 2014 (8)：120－124.

[35] 杨宏山. 数据绩效分析与城市管理创新 [J]. 中国行政管理, 2008 (6)：102－105.

[36] 余海宗, 吴艳玲, 田至立. 地方审计机关绩效考核体系优化研究 [J]. 审计研究, 2017 (5)：10－16.

[37] 张定安, 何强. 中国特色政府绩效管理的演进逻辑和发展方向：基于税务绩效管理的实践创新 [J]. 中国行政管理, 2022 (3)：146－151.

[38] 张定安. 平衡计分卡与公共部门绩效管理 [J]. 中国行政管理, 2004 (6)：69－74.

[39] 张国庆, 曹堂哲. "平衡计分卡" 与公共行政执行的有效性 [J]. 湖南社会科学, 2005 (2): 42—47.

[40] 中国行政管理学会课题组, 龚禄根, 包国宪, 等. 政府部门绩效评估研究报告 [J]. 中国行政管理, 2006 (5): 11—16.

[41] 中国行政管理学会联合课题组. 关于政府机关工作效率标准的研究报告 [J]. 中国行政管理, 2003 (3): 8—16.

[42] 左然. 如何评估中央政府的工作绩效 [J]. 中国行政管理, 1994 (3): 15—16.

[43] 左然. 英国地方政府中运用绩效评估尺度的观察 [J]. 行政人事管理, 1994 (1): 32—33.

[44] 张婷婷. 基于平衡计分卡的F县委宣传部绩效考核问题研究 [D]. 长沙: 国防科学技术大学, 2017.

[45] 张璋. 政府绩效评估的元设计理论: 两种模式及其批判 [J]. 中国行政管理, 2000 (6): 46—49.

[46] 周志忍. 公共组织绩效评估: 英国的实践及其对我们的启示 [J]. 新视野, 1995 (5): 38—41.

[47] 周志忍. 我国政府绩效管理研究的回顾与反思 [J]. 公共行政评论, 2009, 1 (1): 34—57.

附　录

附录一　T市税务局征管部门绩效管理满意度调查问卷

尊敬的女士/先生：

您好！感谢您参加此次问卷调查，本问卷采取不记名形式，调查对象仅限于T市税务局征管部门的税务人员，所有数据仅供学术研究使用且严格保密，请您根据实际情况填写，祝您身体健康，万事如意！

一、您的基本情况

1. 您的性别：（　　）

   A. 男　　　　　　　　　B. 女

2. 您的职级：（　　）

   A. 其他干部　　　　　　B. 部门副职

   C. 部门正职　　　　　　D. 单位班子副职

   E. 单位班子正职

3. 您的受教育程度：（　　）

   A. 高中及以下　　　　　B. 大专

   C. 本科　　　　　　　　D. 研究生及以上

4. 您的工龄：（　　）

   A. 1—5年　　　　　　　B. 6—10年

   C. 11—20年　　　　　　D. 21—30年

   E. 30年以上

二、您对T市税务局征管部门绩效指标体系的满意情况

1. 对税务绩效战略"六大体系"的了解程度：（　　）

    A. 非常满意（熟悉绩效战略及其背后精神）

    B. 满意（了解绩效战略）

    C. 一般（不太了解绩效战略）

    D. 不满意（不了解绩效战略）

    E. 非常不满意（一点都不了解绩效战略）

2. 对税务绩效战略目标的清晰程度：（　　）

    A. 非常满意（绩效战略目标非常清晰）

    B. 满意（绩效战略目标清晰）

    C. 一般（绩效战略目标不太清晰）

    D. 不满意（绩效战略目标不清晰）

    E. 非常不满意（绩效战略目标非常模糊）

3. 对绩效战略对绩效指标的指导程度：（　　）

    A. 非常满意（绩效战略指导性非常强）

    B. 满意（绩效战略指导性较强）

    C. 一般（绩效战略指导性一般）

    D. 不满意（绩效战略指导性非常弱）

    E. 非常不满意（绩效战略没有指导性）

4. 对T市税务局征管部门制定的绩效指标合理程度：（　　）

    A. 非常满意（绩效指标非常清晰，非常合理）

    B. 满意（绩效指标较为清晰，很合理）

    C. 一般（绩效指标清晰，较为合理）

    D. 不满意（绩效指标模糊不清，不合理）

    E. 非常不满意（绩效指标非常不清晰，非常不合理）

5. 对T市税务局征管部门绩效考评标准了解程度：（　　）

    A. 非常满意（熟悉考点、分值、计分方式等内容）

    B. 满意（了解考点、分值、计分方式等内容）

    C. 一般（不太了解考点、分值、计分方式等内容）

    D. 不满意（不了解考点、分值、计分方式等内容）

E. 非常不满意（完全不了解考点、分值、计分方式等内容）

6. 对 T 市税务局征管部门绩效指标的系统性程度：（   ）

   A. 非常满意（指标系统性非常好，逻辑性非常强）

   B. 满意（指标系统性较好，逻辑性较强）

   C. 一般（指标系统性一般，逻辑性一般）

   D. 不满意（指标系统性不好，逻辑性弱）

   E. 非常不满意（指标系统性非常不好，逻辑性非常弱）

7. 对 T 市税务局征管部门绩效管理工作认可程度：（   ）

   A. 非常满意（绩效管理工作非常好）

   B. 满意（绩效管理工作比较好）

   C. 一般（绩效管理工作一般）

   D. 不满意（绩效管理工作不好）

   E. 非常不满意（绩效管理工作非常不好）

8. 对 T 市税务局征管部门绩效计划合理程度：（   ）

   A. 非常满意（绩效计划非常合理）

   B. 满意（绩效计划合理）

   C. 一般（绩效计划较合理）

   D. 不满意（绩效计划不合理）

   E. 非常不满意（绩效计划非常不合理）

9. 对 T 市税务局征管部门绩效考评过程严谨程度：（   ）

   A. 非常满意（绩效考评过程非常严谨）

   B. 满意（绩效考评过程严谨）

   C. 一般（绩效考评过程较严谨）

   D. 不满意（绩效考评过程不严谨）

   E. 非常不满意（绩效考评过程非常不严谨）

10. 对 T 市税务局征管部门绩效考评制度满意程度：（   ）

    A. 非常满意（对绩效考评制度非常满意）

    B. 满意（对绩效考评制度满意）

    C. 一般（对绩效考评制度较满意）

    D. 不满意（对绩效考评制度不满意）

E. 非常不满意（对绩效考评制度非常不满意）

三、您对 T 市税务局征管部门绩效指标执行的满意情况

11. 对 T 市税务局征管部门重视绩效管理培训方面：（   ）

    A. 非常满意（非常重视培训，经常开展培训）

    B. 满意（重视业务培训）

    C. 一般（重视程度一般）

    D. 不满意（不重视）

    E. 非常不满意（非常不重视）

12. 对 T 市税务局征管部门严格执行绩效考评方面：（   ）

    A. 非常满意（非常严格执行绩效考评）

    B. 满意（比较严格执行绩效考评）

    C. 一般（不太严格执行绩效考评）

    D. 不满意（不严格执行绩效考评）

    E. 非常不满意（非常不严格执行绩效考评）

13. 对 T 市税务局征管部门绩效考评执行公平程度：（   ）

    A. 非常满意（非常公平，以大量客观数据为准）

    B. 满意（比较公平，有一定客观数据）

    C. 一般（部分公平，比较主观）

    D. 不满意（不公平，主观）

    E. 非常不满意（非常不公平，非常主观）

14. 对 T 市税务局征管部门绩效指标与实际工作契合度：（   ）

    A. 非常满意（与实际工作非常契合）

    B. 满意（与实际工作契合）

    C. 一般（与实际工作基本契合）

    D. 不满意（与实际工作契合较少）

    E. 非常不满意（与实际工作脱节，只是走形式）

15. 对 T 市税务局征管部门绩效考评时间节点合理程度：（   ）

    A. 非常满意（非常合理）

    B. 满意（较为合理）

    C. 一般（一般合理）

D. 不满意（不太合理）

E. 非常不满意（非常不合理）

16. 对T市税务局征管部门绩效考评方法科学程度：（   ）

    A. 非常满意（非常科学）

    B. 满意（较科学）

    C. 一般（不太科学）

    D. 不满意（一点都不科学）

    E. 非常不满意（非常不科学）

17. 对T市税务局征管部门绩效考评沟通反馈情况：（   ）

    A. 非常满意（沟通渠道畅通，反馈程度很高）

    B. 满意（沟通渠道较好，反馈程度较高）

    C. 一般（沟通渠道闭塞，反馈程度一般）

    D. 不满意（沟通渠道很闭塞，反馈程度很低）

    E. 非常不满意（没有沟通渠道，没有反馈）

18. 对T市税务局征管部门绩效考评过程公开透明程度：（   ）

    A. 非常满意（考评过程非常公开透明）

    B. 满意（考评过程大部分公开透明）

    C. 一般（考评过程部分公开透明）

    D. 不满意（考评过程一定程度上透明）

    E. 非常不满意（考评过程不公开透明）

19. 对T市税务局征管部门绩效考评对非财务指标重视程度：（   ）

    A. 非常满意（非常重视非财务指标）

    B. 满意（重视非财务指标）

    C. 一般（有一点重视非财务指标）

    D. 不满意（不太重视非财务指标）

    E. 非常不满意（不重视非财务指标）

20. 对T市税务局征管部门绩效考评信息系统自动化水平方面：（   ）

    A. 非常满意（信息系统自动化水平非常高）

    B. 满意（信息系统自动化水平很高）

C. 一般（信息系统自动化水平较高）

D. 不满意（信息系统自动化水平不高）

E. 非常不满意（信息系统自动化水平非常低）

四、您对 T 市税务局征管部门绩效结果运用的满意情况

21. 对 T 市税务局征管部门绩效结果的运用程度：（　　）

    A. 非常满意（与干部任用、公务员年度考评等紧密结合）

    B. 满意（与干部任用、公务员年度考评等大部分紧密结合）

    C. 一般（与干部任用、公务员年度考评等部分紧密结合）

    D. 不满意（与干部任用、公务员年度考评等有结合一点）

    E. 非常不满意（与干部任用、公务员年度考评等没有结合）

22. 对 T 市税务局征管部门绩效管理对税务人员激励程度：（　　）

    A. 非常满意（极大提高税务人员积极性）

    B. 满意（提高税务人员积极性）

    C. 一般（部分提高税务人员积极性）

    D. 不满意（没有提高税务人员积极性）

    E. 非常不满意（极大打击税务人员积极性）

23. 对 T 市税务局征管部门绩效管理对税务人员惩戒约束程度：
    （　　）

    A. 非常满意（惩戒约束性非常强）

    B. 满意（惩戒约束性较强）

    C. 一般（惩戒约束性一般）

    D. 不满意（惩戒约束性不强）

    E. 非常不满意（惩戒约束性非常弱）

24. 对 T 市税务局征管部门绩效考评准确反映税务人员工作能力和
    工作态度方面：（　　）

    A. 非常满意（能够准确反映税务人员工作能力和工作态度）

    B. 满意（大部分反映税务人员工作能力和工作态度）

    C. 一般（部分反映税务人员工作能力和工作态度）

    D. 不满意（没有反映税务人员工作能力和工作态度）

    E. 非常不满意（不能反映税务人员工作能力和工作态度）

25. 对T市税务局征管部门绩效结果是否符合工作实际：（　　）

　　A. 非常满意（结果非常符合工作实际）

　　B. 满意（结果符合工作实际）

　　C. 一般（结果不太符合工作实际）

　　D. 不满意（结果不符合工作实际）

　　E. 非常不满意（结果非常不符合工作实际）

26. 对T市税务局征管部门绩效结果对下一年工作指导程度：（　　）

　　A. 非常满意（结果对下一年工作指导性非常强）

　　B. 满意（结果对下一年工作指导性强）

　　C. 一般（结果对下一年工作指导性一般）

　　D. 不满意（结果对下一年工作指导性不强）

　　E. 非常不满意（结果对下一年工作指导性非常弱）

27. 对T市税务局征管部门绩效考评工作给税务人员带来压力方面：（　　）

　　A. 非常满意（绩效考评工作压力小）

　　B. 满意（绩效考评工作压力较小）

　　C. 一般（绩效考评工作压力一般）

　　D. 不满意（绩效考评工作压力较大）

　　E. 非常不满意（绩效考评工作压力非常大）

28. 对T市税务局征管部门绩效考评工作造成部门及其同事之间的紧张关系程度：（　　）

　　A. 非常满意（部门及其同事之间关系不紧张）

　　B. 满意（部门及其同事之间关系不太紧张）

　　C. 一般（部门及其同事之间关系紧张）

　　D. 不满意（部门及其同事之间关系很紧张）

　　E. 非常不满意（部门及其同事之间关系非常紧张）

29. 对T市税务局征管部门绩效工作营造良好的绩效文化氛围情况：（　　）

　　A. 非常满意（绩效文化氛围非常好）

　　B. 满意（绩效文化氛围好）

C. 一般（绩效文化氛围一般）

D. 不满意（绩效文化氛围不好）

E. 非常不满意（绩效文化氛围非常不好）

30. 对T市税务局征管部门绩效结果与自己期望之间的符合程度：（　　）

A. 非常满意（绩效结果非常符合自己期望）

B. 满意（绩效结果符合自己期望）

C. 一般（绩效结果不太符合自己期望）

D. 不满意（绩效结果不符合自己期望）

E. 非常不满意（绩效结果非常不符合自己期望）

五、您对T市税务局征管部门绩效工作的建议和意见

附录二　T市税务局征管部门绩效指标重要性调查问卷

尊敬的女士/先生：

您好！为了确定T市税务局绩效指标的权重，请您结合实际工作经验和体会，按照1-9标度法填写以下调查问卷。本次问卷调查的数据仅供学术使用，请放心填写。调查问卷设置了9种重要性判断结果，分别为前者与后者相比同等重要、稍微重要、明显重要、强烈重要、极端重要、稍微不重要、明显不重要、强烈不重要和极端不重要。请您在认为正确的方框里面打"√"。

四个维度重要程度判断情况									
两两维度名称	同等重要	稍微重要	明显重要	强烈重要	极端重要	稍微不重要	明显不重要	强烈不重要	极端不重要
财务维度比纳税人维度									
财务维度比内部流程维度									
财务维度比学习与成长维度									
纳税人维度比内部流程维度									
纳税人维度比学习与成长维度									
内部流程维度比学习与成长维度									
财务维度指标层重要程度判断情况									
两两指标名称	同等重要	稍微重要	明显重要	强烈重要	极端重要	稍微不重要	明显不重要	强烈不重要	极端不重要
税收增长率比税收计划完成率									
税收增长率比欠款追缴率									

续表

财务维度指标层重要程度判断情况									
两两指标名称	同等重要	稍微重要	明显重要	强烈重要	极端重要	稍微不重要	明显不重要	强烈不重要	极端不重要
税收增长率比税收经济分析									
税收增长率比税收成本率									
税收计划完成率比欠款追缴率									
税收计划完成率比税收经济分析									
税收计划完成率比税收成本率									
欠款追缴率比税收经济分析									
欠款追缴率比税收成本率									
税收经济分析比税收成本率									
纳税人维度指标层重要程度判断情况									
两两指标名称	同等重要	稍微重要	明显重要	强烈重要	极端重要	稍微不重要	明显不重要	强烈不重要	极端不重要
纳税人满意度比纳税人投诉率									
纳税人满意度比按期申报率									
纳税人满意度比税法宣传程度									

续表

纳税人维度指标层重要程度判断情况								
两两指标名称	同等重要	稍微重要	明显重要	强烈重要	极端重要	稍微不重要	明显不重要	强烈不重要	极端不重要
纳税人投诉率比按期申报率									
纳税人投诉率比税法宣传程度									
按期申报率比税法宣传程度									

内部流程维度指标层重要程度判断情况								
两两指标名称	同等重要	稍微重要	明显重要	强烈重要	极端重要	稍微不重要	明显不重要	强烈不重要	极端不重要
基层党组织建设比税收政策落实情况									
基层党组织建设比信息化平台建设									
基层党组织建设比税源监控管理水平									
基层党组织建设比政务信息公开									
基层党组织建设比行政复议应诉率									
税收政策落实情况比信息化平台建设									
税收政策落实情况比税源监控管理水平									

续表

内部流程维度指标层重要程度判断情况									
两两指标名称	同等重要	稍微重要	明显重要	强烈重要	极端重要	稍微不重要	明显不重要	强烈不重要	极端不重要
税收政策落实情况比政务信息公开									
税收政策落实情况比行政复议应诉率									
信息化平台建设比税源监控管理水平									
信息化平台建设比政务信息公开									
信息化平台建设比行政复议应诉率									
税源监控管理水平比政务信息公开									
税源监控管理水平比行政复议应诉率									
政务信息公开比行政复议应诉率									
学习与成长维度指标层重要程度判断情况									
两两指标名称	同等重要	稍微重要	明显重要	强烈重要	极端重要	稍微不重要	明显不重要	强烈不重要	极端不重要
岗位练兵考试成绩比培训覆盖率									

续表

两两指标名称	学习与成长维度指标层重要程度判断情况								
	同等重要	稍微重要	明显重要	强烈重要	极端重要	稍微不重要	明显不重要	强烈不重要	极端不重要
岗位练兵考试成绩比税务人员满意度									
岗位练兵考试成绩比调研成果创新									
培训覆盖率比干部满意度									
培训覆盖率比调研成果创新									
税务人员满意度比调研成果创新									

附录三　L镇为民服务中心聘用人员绩效评价情况调查问卷

尊敬的女士/先生：

您好！

感谢您百忙之中抽空参与本次调研。本次调研采用不记名形式，旨在了解我镇为民服务中心绩效评价方面的实际情况，问卷中采集的数据和相关信息仅用于学术研究，希望您按照真实情况认真、客观作答全部题目。再次感谢您抽出宝贵的时间完成本次调研！

1. 您的性别是（单选题）　　　　　　　　　　　　　　（　　）

　　A. 男　　　　　　　　　　B. 女

2. 您的年龄是（单选题）　　　　　　　　　　　　　　（　　）

　　A. 30周岁及以下　　　　　B. 31—40周岁

　　C. 41—50周岁　　　　　　D. 50周岁以上

3. 您的最高学历是（单选题）　　　　　　　　　　　　（　　）

　　A. 专科以下　　　　　　　B. 专科

　　C. 本科　　　　　　　　　D. 研究生及以上

4. 您参加工作的时间为（单选题）　　　　　　　　　　（　　）

　　A. 1年及以下　　　　　　 B. 2—5年

　　C. 6—9年　　　　　　　　D. 10年及以上

5. 您对单位绩效评价制度是否了解？（单选题）　　　　（　　）

　　A. 不了解　　　　　　　　B. 了解一部分

　　C. 基本了解　　　　　　　D. 非常了解

6. 您认为绩效评价中应当重点评价哪些方面？（单选题）（　　）

　　A. 德　　　B. 能　　　C. 勤　　　D. 绩

　　E. 廉

7. 单位进行绩效管理和评价工作时是否成立了绩效评价委员会或绩效评价小组？（单选题）　　　　　　　　　　　　（　　）

　　A. 是　　　B. 否　　　C. 不清楚

8. 单位绩效评价工作中是否会有民主测评环节？（单选题）（　　）

　　A. 是　　　　　　　　　　B. 否

9. 您认为单位的民主测评结果应当在绩效评价结果中占多少比重？
   （单选题）   （   ）
   A. 不占比重   B. 10%以下
   C. 10%～20%   D. 20%～50%
   E. 50%以上

10. 您一般通过何种途径和方式了解单位绩效评价的相关要求和情况？（单选题）   （   ）
    A. 通过单位组织的相关培训、宣传等活动
    B. 询问从事相关工作的同事
    C. 通过阅读本单位和绩效评价相关的文件
    D. 通过其他方式自主学习

11. 您认为单位实施绩效评价的主要目的是什么？（单选题）（   ）
    A. 筛选出优秀的工作人员，通过给予奖励，鼓励其更好工作并起到示范效果
    B. 找出表现一般或较差的工作人员，激励其提升绩效和工作水平
    C. 以上两者都有
    D. 其他

12. 您认为单位设计的绩效评价体系是否能够如实反映员工的实际工作情况？（单选题）   （   ）
    A. 完全能够反映   B. 大部分可以反映
    C. 基本可以反映   D. 基本不能反映

13. 您认为单位绩效评价制度的执行力度如何？（单选题）（   ）
    A. 非常严格执行   B. 基本严格执行
    C. 执行力度一般   D. 执行较差
    E. 基本没有执行力度

14. 单位是否会通过一定途径反馈绩效评价结果？（单选题）（   ）
    A. 是   B. 否

15. 假设您对绩效评价结果不满意，您会向领导或相关部门申诉吗？（单选题）   （   ）

A. 会 B. 不会

16. 您认为单位绩效评价指标中可量化指标最好占比多少?
    （单选题） （　　）
    A. 20%以下 B. 20%～40%
    C. 40%～60% D. 60%以上

17. 您是否可以通过反馈的绩效评价结果进一步掌握工作中需要完善、改进之处？（单选题） （　　）
    A. 能，反馈清晰有效，能够促进个人的提升
    B. 否，了解了评价结果，但是对于评价细节和提升领域没有清晰的认识
    C. 没有反馈

18. 您认为单位的绩效评价结果运用是否能够发挥对部门和个人的激励或惩戒作用？（单选题） （　　）
    A. 能充分发挥 B. 能部分发挥 C. 不能发挥

19. 您认为绩效评价结果的运用应当侧重于哪些方面？（单选题）
    （　　）
    A. 与个人发展（轮岗、晋升）挂钩
    B. 与薪酬待遇挂钩
    C. 与奖金、福利挂钩
    D. 与参与培训提升挂钩
    E. 其他

20. 您认为单位绩效评价工作中最需要改进的地方是？（单选题）（　　）
    A. 评价具体内容和评价指标的分数分配、设定
    B. 评价采用的方式方法
    C. 评价结果的运用
    D. 其他

附录四 L 镇为民服务中心聘用人员绩效评价情况访谈提纲

1. 您认为目前我镇为民服务中心聘用人员的绩效评价中,评价指标的设置是否合理全面?
（1）若不合理,具体体现在哪些细节?
（2）若不全面,还有哪些内容遗漏?

2. 您认为目前我镇为民服务中心的绩效评价反馈是否到位?还有哪些方式可以提升这一环节的效果和作用?

3. 您认为目前我镇为民服务中心的评价结果运用是否科学?还存在哪些优化方向?

4. 请您按照自身感受,如实填写以下关于评价维度重要性的表格。

注:本表格以数字表示两个维度相比的重要性。1 表示对应行维度（以下简称行）与对应列维度（以下简称列）同样重要,3 表示行比列略为重要,5 表示行比列显著重要,7 表示行比列非常重要,9 表示行比列绝对重要。若您觉得重要性介于以上两个数值之间,可以用 2、4、6、8 这 4 个数字来表示。

	行政审批业务	群众	内部管理	学习和发展
行政审批业务	1			
群众		1		
内部管理			1	
学习和发展				1

附录五 Y街道下辖社区绩效评价开展情况调查问卷

尊敬的女士、先生：

您好！

近期，我们正在开展"社区绩效评价"课题调研，为充分了解当前绩效评价（目标考核）开展的实际情况，进一步探索科学评价社区全面工作运行情况的理论方法，建立系统性、科学性、客观性较强的评价指标体系，专门编制此调查问卷。邀请您根据自身了解的情况填写问卷，就"社区绩效评价"提供意见、建议，衷心感谢您的支持！

什么是社区绩效评价？

绩效评价（绩效考核、目标管理）是绩效管理中的一个环节，是指评价主体对照工作目标和绩效标准，采用科学的评价方式，评定组织或个人的工作任务完成情况、工作职责履行程度和发展情况。

社区绩效评价，则是针对社区组织，重点着眼于社区工作职能与发展任务，以科学的量化手段，对社区工作全面开展情况进行评价，并形成具备可比性的评价结果。

本次问卷共分为三个部分，分别是受访者类别信息、社区绩效工作现状评价、社区工作及绩效工作建议。问卷填写可能花费您5分钟左右时间，问卷采用匿名填写形式，内容仅用于课题调研，再次感谢您的支持！

一、受访者类别信息

1. 您的身份类别是（   ）

    A. 社区工作者　　B. 社区居民　　C. 街道工作人员

2. 您的年龄区间是（   ）

    A. 18岁以下　　　　　　B. 18—22岁
    C. 23—30岁　　　　　　D. 31—40岁
    D. 41—50岁　　　　　　E. 50岁以上

3. 您的政治面貌是（   ）

    A. 中共党员　　　　　　B. 民主党派人士
    C. 共青团员　　　　　　D. 群众

4. 您当前的工作性质是（　　）

  A. 军人、机关事业单位（含教师、医生）及国企人员

  B. 民营企业人员

  C. 个体工商业、服务业人员

  D. 自由职业者

  E. 学生

  F. 其他

二、社区绩效工作现状评价

1. 在填写问卷以前，您是否了解社区绩效评价（目标考核）有关工作？

  A. 非常了解   B. 了解

  C. 基本了解   D. 不太了解

  E. 完全不了解

2. 您是否了解本社区工作在街道的整体排名位次？

  A. 非常了解   B. 了解

  C. 基本了解   D. 不太了解

  E. 完全不了解

3. 您是否有过被征询绩效评价制度设计意见的经历？

  A. 每年都有   B. 经常有

  C. 曾经有过   D. 完全没有

  E. 不太清楚

4. 您认为社区当前绩效评价模式是否对社区整体工作具备激励作用？

  A. 激励效果明显   B. 具有激励效果

  C. 激励效果一般   D. 基本没有效果

  E. 完全没有效果

5. 您对所在社区当前的工作状况是否满意？

  A. 完全满意   B. 满意

  C. 基本满意   D. 不太满意

  E. 不满意

6. 您认为您所在社区目前工作方向是否明确?
   A. 非常明确   B. 比较明确
   C. 一般   D. 不太明确
   E. 不明确

7. 您认为社区当前工作开展情况能否满足社区居民各方面生活需求?(社区工作者、居民回答)
   A. 完全能够   B. 能够
   C. 基本能够   D. 不太能够
   E. 不能够

8. 您认为社区当前工作成效能否满足街道发展要求?(街道工作人员、社区工作者回答)
   A. 完全能够   B. 能够
   C. 基本能够   D. 不太能够
   E. 不能够

9. 您认为社区当前绩效评价指标与社区发展工作目标是否一致?(街道工作人员、社区工作者回答)
   A. 完全一致   B. 一致
   C. 基本一致   D. 不太一致
   E. 不一致

10. 您认为社区绩效评价指标与社区当前主要工作内容是否一致?(街道工作人员、社区工作者回答)
    A. 完全一致   B. 一致
    C. 基本一致   D. 不太一致
    E. 不一致

11. 您认为社区当前绩效评价指标权重划分是否科学合理?
    A. 非常合理   B. 合理
    C. 基本合理   D. 不太合理
    E. 不合理

12. 您认为社区当前绩效评价方式是否合理有效?
    A. 非常合理   B. 合理

C. 基本合理　　　　　　　D. 不太合理

E. 不合理

三、社区工作及绩效工作建议

1. 您认为社区绩效评价（目标考核）的目的和意义是什么？（最多选 3 项）

   A. 推动实现社区中长期发展目标

   B. 明确社区工作方向和重点

   C. 激励社区提高工作质量

   D. 查找社区工作短板弱项

   E. 约束社区工作者行为

   F. 提升居民生活感受

   G. 其他

2. 您认为当前社区绩效评价（目标考核）哪些方面需要改进？（最多选 3 项）

   A. 绩效相关工作事前沟通较少

   B. 群众参与度相对较低

   C. 评价指标难以全面涵盖社区主要工作

   D. 指标权重不合理，难以突出重点

   E. 定性指标与定量指标分配不合理

   F. 评价过程的客观性不强

   G. 绩效评价结果反馈不及时

   H. 绩效评价结果未得到有效应用

   I. 其他

3. 当前社区实施绩效评价的主要方式有哪些？（多选）

   A. 调阅纸质台账资料　　　B. 组织公开测评

   C. 实施访谈调研　　　　　D. 开展实地检查

   E. 采取大数据技术　　　　F. 不清楚

   G. 其他

4. 您认为社区当前最主要的工作内容是哪些？（最多选 3 项）

   A. 党的建设　　　　　　　B. 居民矛盾调处与秩序维护

C. 社区文明建设 D. 生活环境维持
E. 社区安全维护 F. 疫情防控工作
G. 基础设施建设与维护 H. 资产经营
I. 其他

5. 您认为社区当前工作中花费时间最多的是哪几项工作？（最多选3项）

A. 党的建设 B. 居民矛盾调处与秩序维护
C. 社区文明建设 D. 生活环境维持
E. 社区安全维护 F. 疫情防控工作
G. 基础设施建设与维护 H. 资产经营
I. 其他

6. 您认为当前社区工作取得成效最显著的是哪几项？（最多选3项）

A. 党的建设 B. 居民矛盾调处与秩序维护
C. 社区文明建设 D. 生活环境维持
E. 社区安全维护 F. 疫情防控工作
G. 基础设施建设与维护 H. 资产经营
I. 其他

7. 您认为社区当前最需要改善的主要工作是哪几项？（最多选3项）

A. 党的建设 B. 居民矛盾调处与秩序维护
C. 社区文明建设 D. 生活环境维持
E. 社区安全维护 F. 疫情防控工作
G. 基础设施建设与维护 H. 资产经营
I. 其他

附录六 第一轮专家意见征求问卷

尊敬的专家：

您好！

随着城市化进程不断推进，城市社区治理工作的重要性正在进一步凸显，但基层工作面临人少事多的现状，因此加强社区层面的绩效管理具有必要性。本次研究主要是以平衡计分卡为理论基础，结合当前本街道各社区的实际情况，探索更加科学有效的绩效评价指标体系。此前，已经对社区实际和绩效评价工作开展现状进行了充分的调研。根据结果，与街道绩效评价有关部门工作人员和部分社区工作者共同初步草拟社区平衡计分卡，为对相关指标内容科学性和指标体系完整性进行检验，邀请您运用自身丰富的街道社区工作经验和实践经验，对相关指标进行评价，感谢您对本次研究的热情参与。

本问卷主要分为以下两个板块。

第一个板块为基本信息收集，请您填写自身情况相关内容，此板块主要用于了解您与研究相关的基本情况，相关信息不对外披露。

第二个板块是指标重要性打分，此前根据平衡计分卡顾客、内部流程、学习和发展、财务四个维度作为一级指标，在此基础上形成了相关二级指标、三级指标。请您根据自身对社区实际和社区工作的了解、掌握情况，运用自身专业知识和有关经验，对表格中涉及的二级和三级指标按照重要性进行1—5分逐项评分，对指标描述和内容有相关意见可在备注栏进行填写。

再次衷心感谢您的参与。

第一部分：基本信息收集

姓名：

年龄：

政治面貌：

学历：

请问您当前的职业类型是？

A. 街道工作者　　　　B. 社区工作者　　　　C. 社区居民

请问您深入接触社区的工作年限是？

A. 1-2 年　　　　　　B. 3-5 年　　　　　　C. 5 年以上

请问您是否具有公共管理或绩效评价有关的专业学习经历？

A. 有　　　　　　　　　　　　　　B. 没有

请您根据自身情况，在下列问题对应处打"√"，其中表格中按照相关问题熟悉程度和判断依据的准确及丰富程度，分别按照 1-3 分进行勾选。

问题	熟悉程度			判断依据		
	3	2	1	3	2	1
对街道社区工作基本情况						
对社区工作责任和要求						
对社区主要工作方式方法						
对社区工作者队伍建设						
对社区资金相关收支情况						

第二部分：指标重要性打分

请您根据自身掌握的情况，在下列指标对应重要性评分处，按照 1-5 分打"√"评分，先对二级指标评分，后对三级指标评分，对有关指标内容及表述有相关意见可进行备注。

一、二级指标评分

一级指标（A）	二级指标（B）	二级指标重要性打分					备注
		5	4	3	2	1	
顾客（A1）	总体满意度（B1）						
	党的建设（B2）						
	宣传文化（B3）						
	安全法治（B4）						
	社会保障（B5）						
	环境改善（B6）						

续表

一级指标（A）	二级指标（B）	二级指标重要性打分					备注
		5	4	3	2	1	
内部流程（A2）	行政效率（B7）						
	依法行政（B8）						
	信息公开（B9）						
学习和发展（A3）	履职基础（B10）						
	能力提升（B11）						
	廉洁自律（B12）						
财务（A4）	收入增加（B13）						
	运转成本（B14）						
	地区经济贡献度（B15）						

二、三级指标评分

二级指标（B）	三级指标（C）	三级指标重要性打分					备注
		5	4	3	2	1	
总体满意度（B1）	居民、街道工作者、社区工作者测评满意度（C1）						
党的建设（B2）	党建阵地功能室设施完整且正常运作（C2）						
	"三会一课"等组织生活制度规范执行情况（C3）						
	年度规范发展党员人数（C4）						
宣传文化（B3）	党的理论及政策宣讲学习情况（C5）						
	居民文化活动等开展情况（C6）						
	获区级以上宣传报道次数（C7）						

续表

二级指标（B）	三级指标（C）	三级指标重要性打分					备注
		5	4	3	2	1	
安全法治（B4）	辖区居民犯罪率（C8）						
	居民社会治安满意率（C9）						
	安全与应急事故发生次数（C10）						
	安全应急检查开展次数（C11）						
社会保障（B5）	社区城镇居民医疗保险覆盖率（C12）						
	基础疾病宣传关爱活动次数（C13）						
	社区居民登记失业率（C14）						
	社区适龄儿童入学率（C15）						
	社区居民最低生活保障覆盖率（C16）						
	社区居民养老保险覆盖率（C17）						
	留守儿童、困难儿童关爱帮扶次数（C18）						
环境改善（B6）	下辖小区平均绿化覆盖率（C19）						
	生活垃圾分类设施覆盖率（C20）						
	环境违法违规事件发生次数（C21）						
	居民私下违建发生数量（C22）						
	道路、楼栋损坏失修情况（C23）						
	年内老旧小区改造率（C24）						

续表

二级指标（B）	三级指标（C）	三级指标重要性打分					备注
		5	4	3	2	1	
行政效率（B7）	群众反映问题情况办结率（C25）						
	上级交办重大事项落实率（C26）						
	到中央、省、市非正常上访事件发生数量（C27）						
	恶性群体事件发生数量（C28）						
	公共区域监控设备覆盖率（C29）						
	综合指挥调度信息及时维护上传情况（C30）						
依法行政（B8）	上级通报工作违规、不规范数量（C31）						
信息公开（B9）	"三务"公开栏及时更新公开情况（C32）						
履职基础（B10）	35岁以下社区工作者占比（C33）						
	社区工作者党员人数占比（C34）						
	社区工作者本科以上学历占比（C35）						
	社会工作者资格证取得率（C36）						
能力提升（B11）	社区工作者年内参加培训占比（C37）						
	区级以上社区创建及社区工作者荣誉表彰数量（C38）						
	创新性工作获上级推广数量（C39）						

续表

二级指标（B）	三级指标（C）	三级指标重要性打分					备注
		5	4	3	2	1	
廉洁自律（B12）	社区工作者违纪、违法案件数量（C40）						
	群众对社区工作者工作作风满意度（C41）						
收入增加（B13）	社区年度收入总额（C42）						
	上级政策应扶持资金争取金额占比（C43）						
运转成本（B14）	社区年度支出总额（C44）						
	居民服务工作支出占比（C45）						
	基础设施建设支出占比（C46）						
地区经济贡献度（B15）	征地拆迁工作完成率（C47）						
	产业招商线索及落地情况（C48）						

附录七 第二轮专家意见征求问卷

尊敬的专家：

您好！

本次平衡计分卡构建工作已经在各位专家意见基础上进行了适当调整，并最终形成一级指标4个、二级指标15个、三级指标46个，此前已经向您反馈有关信息，完整指标情况后附。结合街道、社区实际情况，为保障平衡计分卡四个维度在社区工作中的战略指导关系，一级指标权重划分拟按照顾客40%、内部流程25%、学习和发展20%、财务15%进行，如有相关疑问可在提交问卷时进行沟通。

在指标内容和一级指标权重划分基础上，还需继续确定各指标打分权重，研究拟采取优序图法确定权重。请您以重要性为参考维度，对同级指标进行两两比较，三级指标仅在所属二级指标范围内进行两两比较。其中指标自我比较不具有比较意义，用"—"标注不计，其余指标根据重要性两两比较，比较中a相对于b更加重要，则以"1"进行标注；a与b同样重要，采取"0.5"标注；a相较于b不重要，则标注为"0"，按此原则形成评分矩阵。

为便于您填写，减少填写工作量，请您填写矩阵上半侧评分即可，下半侧评分将在统计过程中按照数学关系对应填写。最终形成结果如下表所示。再次衷心感谢您的参与。

优序图法比较矩阵示意图演示

相关指标	N1	N2	N3	N4	……	Nn
N1	—					
N2	—	—				
N3	—	—	—			
N4	—	—	—	—		
……	—	—	—	—	—	
Nn	—	—	—	—	—	—

社区层面绩效平衡计分卡

一级指标（A）	二级指标（B）	三级指标（C）
顾客（A1）	总体满意度（B1）	居民、街道工作者、社区工作者测评满意度（C1）
	党的建设（B2）	党建阵地功能室设施完整且正常运作（C2）
		"三会一课"等组织生活制度规范执行情况（C3）
		年度规范发展党员人数（C4）
	宣传文化（B3）	党的理论及政策宣讲学习情况（C5）
		居民文化活动等开展情况（C6）
		获区级以上宣传报道次数（C7）
	安全法治（B4）	辖区居民犯罪率（C8）
		居民社会治安满意率（C9）
		安全与应急事故发生次数（C10）
		安全应急检查开展次数（C11）
	社会保障（B5）	社区城镇居民医疗保险覆盖率（C12）
		基础疾病宣传关爱活动次数（C13）
		社区居民就业帮扶次数（C14）
		社区适龄儿童入学率（C15）
		社区城镇居民最低生活保障覆盖率（C16）
		社区居民养老保险覆盖率（C17）
		留守儿童、困难儿童关爱帮扶次数（C18）
	环境改善（B6）	下辖小区平均绿化覆盖率（C19）
		生活垃圾分类设施覆盖率（C20）
		环境污染事件发生次数（C21）
		居民私下违建发生数量（C22）
		道路、楼栋损坏失修情况（C23）
		年内老旧小区改造个数（C24）

续表

一级指标（A）	二级指标（B）	三级指标（C）
内部流程（A2）	行政效率（B7）	群众反映问题情况办结率（C25）
		上级交办重大事项落实率（C26）
		到京、省、市非正常上访事件发生数量（C27）
		群体性访问事件发生数量（C28）
		公共区域监控设备覆盖率（C29）
		综合指挥调度信息及时维护上传情况（C30）
	依法行政（B8）	上级通报工作违规、不规范数量（C31）
	信息公开（B9）	"三务"公开栏及时更新公开情况（C32）
学习和发展（A3）	履职基础（B10）	35岁以下社区工作者占比（C33）
		社区工作者党员人数占比（C34）
		社区工作者本科以上学历占比（C35）
		社会工作者资格证取得率（C36）
	能力提升（B11）	社区工作者年内参加培训占比（C37）
		社区集体、个人工作获区级以上表彰推广情况（C38）
	廉洁自律（B12）	社区工作者违纪、违法案件数量（C39）
财务（A4）	收入增加（B13）	社区年度收入总额（C40）
		上级政策应扶持资金争取金额占比（C41）
	运转成本（B14）	社区年度支出总额（C42）
		居民服务工作支出占比（C43）
		基础设施建设支出占比（C44）
	地区经济贡献度（B15）	征地拆迁工作完成情况（C45）
		产业招商线索及落地情况（C46）

第一部分：二级指标优序评分

（请您根据比较规则在表格空白处依次填写）

顾客维度指标比较

相关指标	总体满意度（B1）	党的建设（B2）	宣传文化（B3）	安全法治（B4）	社会保障（B5）	环境改善（B6）
总体满意度（B1）	—					
党的建设（B2）	—	—				
宣传文化（B3）	—	—	—			
安全法治（B4）	—	—	—	—		
社会保障（B5）	—	—	—	—	—	
环境改善（B6）	—	—	—	—	—	—

内部流程维度指标比较

相关指标	行政效率（B7）	依法行政（B8）	信息公开（B9）
行政效率（B7）	—		
依法行政（B8）	—	—	
信息公开（B9）	—	—	—

学习和发展维度指标比较

相关指标	履职基础（B10）	能力提升（B11）	廉洁自律（B12）
履职基础（B10）	—		
能力提升（B11）	—	—	
廉洁自律（B12）	—	—	—

财务维度指标比较

相关指标	收入增加（B13）	运转成本（B14）	地区经济贡献度（B15）
收入增加（B13）	—		
运转成本（B14）	—	—	
地区经济贡献度（B15）	—	—	—

第二部分：三级指标优序评分

（请您根据比较规则在表格空白处依次填写）

党的建设指标比较

相关指标	党建阵地功能室设施完整且正常运作（C2）	"三会一课"等组织生活制度规范执行情况（C3）	年度规范发展党员人数（C4）
党建阵地功能室设施完整且正常运作（C2）	—		
"三会一课"等组织生活制度规范执行情况（C3）	—	—	
年度规范发展党员人数（C4）	—	—	—

宣传文化指标比较

相关指标	党的理论及政策宣讲学习情况（C5）	居民文化活动等开展情况（C6）	获区级以上宣传报道次数（C7）
党的理论及政策宣讲学习情况（C5）	—		
居民文化活动等开展情况（C6）	—	—	
获区级以上宣传报道次数（C7）	—	—	—

安全法治指标比较

相关指标	辖区居民犯罪率（C8）	居民社会治安满意率（C9）	安全与应急事故发生次数（C10）	安全应急检查开展次数（C11）
辖区居民犯罪率（C8）	—			

续表

相关指标	辖区居民犯罪率（C8）	居民社会治安满意率（C9）	安全与应急事故发生次数（C10）	安全应急检查开展次数（C11）
居民社会治安满意率（C9）	—			
安全与应急事故发生次数（C10）	—	—		
安全应急检查开展次数（C11）	—	—	—	

社会保障指标比较

相关指标	社区城镇居民医疗保险覆盖率（C12）	基础疾病宣传关爱活动次数（C13）	社区居民就业帮扶次数（C14）	社区适龄儿童入学率（C15）	社区城镇居民最低生活保障覆盖率（C16）	社区居民养老保险覆盖率（C17）	留守儿童、困难儿童关爱帮扶次数（C18）
社区城镇居民医疗保险覆盖率（C12）	—						
基础疾病宣传关爱活动次数（C13）	—						
社区居民就业帮扶次数（C14）	—						
社区适龄儿童入学率（C15）	—	—	—	—			
社区城镇居民最低生活保障覆盖率（C16）	—	—	—	—			
社区居民养老保险覆盖率（C17）	—				—		
留守儿童、困难儿童关爱帮扶次数（C18）	—						

环境改善指标比较

相关指标	下辖小区平均绿化覆盖率（C19）	生活垃圾分类设施覆盖率（C20）	环境污染事件发生次数（C21）	居民私下违建发生数量（C22）	道路、楼栋损坏失修情况（C23）	年内老旧小区改造个数（C24）
下辖小区平均绿化覆盖率（C19）	—					
生活垃圾分类设施覆盖率（C20）	—	—				
环境污染事件发生次数（C21）	—	—	—			
居民私下违建发生数量（C22）	—	—	—	—		
道路、楼栋损坏失修情况（C23）	—	—	—	—	—	
年内老旧小区改造个数（C24）	—	—	—	—	—	—

行政效率指标比较

相关指标	群众反映问题情况办结率（C25）	上级交办重大事项落实率（C26）	到中央、省、市非正常上访事件发生数量（C27）	群体性访问事件发生数量（C28）	公共区域监控设备覆盖率（C29）	综合指挥调度信息及时维护上传情况（C30）
群众反映问题情况办结率（C25）	—					
上级交办重大事项落实率（C26）	—	—				

续表

相关指标	群众反映问题情况办结率（C25）	上级交办重大事项落实率（C26）	到中央、省、市非正常上访事件发生数量（C27）	群体性访问事件发生数量（C28）	公共区域监控设备覆盖率（C29）	综合指挥调度信息及时维护上传情况（C30）
到中央、省、市非正常上访事件发生数量（C27）	—	—				
群体性访问事件发生数量（C28）	—	—	—			
公共区域监控设备覆盖率（C29）	—	—	—	—		
综合指挥调度信息及时维护上传情况（C30）	—	—	—	—	—	

履职基础指标比较

相关指标	35岁以下社区工作者占比（C33）	社区工作者党员人数占比（C34）	社区工作者本科以上学历占比（C35）	社会工作者资格证取得率（C36）
35岁以下社区工作者占比（C33）	—			
社区工作者党员人数占比（C34）	—	—		
社区工作者本科以上学历占比（C35）	—	—	—	
社会工作者资格证取得率（C36）	—	—	—	—

能力提升指标比较

相关指标	社区工作者年内参加培训占比（C37）	社区集体、个人工作获区级以上表彰推广情况（C38）
社区工作者年内参加培训占比（C37）	—	
社区集体、个人工作获区级以上表彰推广情况（C38）		—

收入增加指标比较

相关指标	社区年度收入总额（C40）	上级政策应扶持资金争取金额占比（C41）
社区年度收入总额（C40）	—	
上级政策应扶持资金争取金额占比（C41）	—	—

运转成本指标比较

相关指标	社区年度支出总额（C42）	居民服务工作支出占比（C43）	基础设施建设支出占比（C44）
社区年度支出总额（C42）	—		
居民服务工作支出占比（C43）	—	—	
基础设施建设支出占比（C44）		—	—

地区经济贡献度指标比较

相关指标	征地拆迁工作完成情况（C45）	产业招商线索及落地情况（C46）
征地拆迁工作完成情况（C45）	—	
产业招商线索及落地情况（C46）	—	—

表格已经全部填写完毕，再次真诚感谢您的帮助！